中国式现代化"六观"丛书
丛书主编 姜 辉

中国式现代化的
民主观

林建华　王晶
／
著

重庆出版集团　重庆出版社

图书在版编目(CIP)数据

中国式现代化的民主观 / 林建华, 王晶著. —重庆:重庆出版社, 2023.12
 ISBN 978-7-229-18094-2

Ⅰ.①中… Ⅱ.①林… ②王… Ⅲ.①社会主义民主—研究—中国 Ⅳ.①D616

中国国家版本馆CIP数据核字(2023)第192101号

中国式现代化的民主观
ZHONGGUOSHI XIANDAIHUA DE MINZHUGUAN
林建华 王 晶 著

责任编辑:彭 景 魏依云
责任校对:刘 艳
装帧设计:刘沂鑫

重庆出版集团
重庆出版社   出版

重庆市南岸区南滨路162号1幢 邮政编码:400061 www.cqph.com
重庆出版社艺术设计有限公司制版
重庆天旭印务有限责任公司印刷
重庆出版集团图书发行有限公司发行
E-MAIL:fxchu@cqph.com 邮购电话:023-61520646
全国新华书店经销

开本:787mm×1092mm 1/16 印张:11.25 字数:170千
2023年12月第1版 2023年12月第1次印刷
ISBN 978-7-229-18094-2
定价:40.00元

如有印装质量问题,请向本集团图书发行有限公司调换:023-61520678

版权所有 侵权必究

中国式现代化"六观"丛书编委会

主　编　姜　辉
副主编　曹清尧　曾维伦　马然希　陈兴芜
编　委（以姓氏笔画排序）
　　　　　田鹏颖　冯颜利　李　斌　别必亮　辛向阳
　　　　　宋月红　张小平　张永生　张永和　林建华
　　　　　周　进　徐久清　龚　云

为世界现代化理论与实践创新提供中国智慧

——中国式现代化"六观"的独特价值与贡献

姜 辉

概括提出并深入阐述中国式现代化理论，是我们党的重大理论创新，是科学社会主义的最新重大成果，极大丰富和发展了世界现代化理论。中国式现代化的成功开辟，走出了人类现代化历史上前所未有的新路，为世界各国提供了全新选择，这是人类发展历史上具有划时代意义的重大事件。中国式现代化对于世界现代化理论与实践创新的重大价值，对于人类社会发展的重大意义，会随着实践发展和时间推移越来越显现出来。

只有民族的才是世界的，只有引领时代才能走向世界。正如习近平总书记指出的："中国式现代化，深深植根于中华优秀传统文化，体现科学社会主义的先进本质，借鉴吸收一切人类优秀文明成果，代表人类文明进步的发展方向，展现了不同于西方现代化模式的新图景，是一种全新的人类文明形态。中国式现代化，打破了'现代化=西方化'的迷思，展现了现代化的另一幅图景，拓展了发展中国家走向现代化的路径选择，为人类对更好社会制度的探索提供了中国方案。"①实践证明，中国式现代化走得通、行得稳，是强国建设、民族复兴的必由之路，是促进世界发展进步、为人类文明作出更大贡献的伟大创造。

一

实现现代化是近代以来中国人民矢志奋斗的梦想。中国共产党百余年来团结带领中国人民追求民族复兴的历史，也是一部不断探索现代化道路的历史。在新中国成立以来，特别是改革开放以来长期探索和实践基础上，经过党的十八大以来在理论和实践上的创新突破，中国共产党成功推进和拓展了中国式现代化。中国式现代化走出了人类历史上史无前例的实现现代化的新路，具有鲜明特征和独特优势。中国式现代化，是人口规模巨大的现代化，是全体人民共同富裕的现代化，是物质文明和精神文明相协调的现代化，是人与自然和谐共生的现代化，是走和平发展道路的现代化。中国式现代化切合中国实际，既体现了社会主义建设规律，也体现了人类社会发展规律。

一是充分发挥中国共产党领导和中国特色社会主义制度的显著优势。习近平总书记指出："'中国式现代化，是中国共产党领导的社会主义现代化。'这是对中国式现代化定性的话，是管总、管根本的。"②中国特色社会主义最本质的特征是中国共产党领导，中国特色社会主义制度的最大优势是中国共产党领导。党

---

① 《习近平在学习贯彻党的二十大精神研讨班开班式上发表重要讲话强调　正确理解和大力推进中国式现代化》，《人民日报》2023年2月8日。
② 习近平：《中国式现代化是中国共产党领导的社会主义现代化》，《求是》2023年第11期。

的领导直接关系中国式现代化的根本方向、前途命运、最终成败。中国共产党的领导和中国特色社会主义制度超越了西方关于市场与政府、国家与社会、集中权威与民主自由、公共领域与私人领域等机械的对立两分,形成了经济快速发展、社会和谐稳定、改革活力充沛等显著优势。这种优势不仅为如何实现现代化提供了成功经验,而且与一些发展中国家在现代化进程中遭遇的政治混乱和社会动荡形成了强烈而鲜明的对比。中国式现代化,从中国特殊的历史、国情和文化出发,注重发挥社会主义制度能够集中力量办大事的政治优势,调动一切积极因素,形成实现现代化的共同意志、共同目标、共同行动。无论是建立独立的比较完整的工业体系和国民经济体系,还是独立自主研制出"两弹一星";无论是应对现代化进程中的一系列重大风险挑战,还是完成脱贫攻坚的艰巨任务,无不需要发挥举国体制优势,无不需要确保全国上下步调一致、集中力量、协同攻关。我们党坚持和完善中国特色社会主义制度,不断推进国家治理体系和治理能力现代化,为中国式现代化稳步前行提供了坚强的制度保证。

二是以实现人的全面发展和全体人民共同富裕为现实目标。习近平总书记强调:"我们追求的发展是造福人民的发展,我们追求的富裕是全体人民共同富裕。"[①]中国式现代化是全体人民共同富裕的现代化,这是中国式现代化区别于西方现代化的显著标志。西方现代化的最大弊端,就是以资本为中心而不是以人民为中心,追求资本利益最大化而不是服务绝大多数人的利益,导致社会鸿沟拉大、两极分化严重、阶层凝滞固化。中国共产党坚持把人民对美好生活的向往作为奋斗目标,坚持以人民为中心的发展思想,着力保障和改善民生,让中国式现代化建设成果更多更

---

① 习近平:《在中共中央召开的党外人士座谈会上的讲话》,《人民日报》2015年10月31日。

公平地惠及全体人民，坚决防止两极分化。不断创造人民美好生活、逐步实现全体人民共同富裕，是新时代中国特色社会主义的鲜明特征。党的二十大明确了到2035年基本实现社会主义现代化时，人的全面发展、全体人民共同富裕取得更为明显的实质性进展。把全体人民共同富裕作为建设社会主义现代化强国的重要内容，是中国式现代化先进性和优越性的重要体现。

三是走和平发展道路，既发展自身又造福世界。习近平总书记指出："中国共产党坚持一切从实际出发，带领中国人民探索出中国特色社会主义道路。历史和实践已经并将进一步证明，这条道路，不仅走得对、走得通，而且也一定能够走得稳、走得好。我们将坚定不移沿着这条光明大道走下去，既发展自身又造福世界。"①中国共产党始终坚决反对帝国主义、殖民主义、霸权主义和强权政治，反对不平等的国际政治秩序，始终与广大发展中国家站在一起。新中国成立70多年来，中国没有主动挑起过任何一场战争和冲突，没有侵占过别国一寸土地，是唯一将和平发展写入宪法和执政党党章、上升为国家意志的大国。而西方国家的现代化，充满战争、贩奴、殖民、掠夺等血腥罪恶，给广大发展中国家带来深重苦难。中华民族经历了西方列强侵略、凌辱的悲惨历史，深知和平的宝贵，决不可能也决不会重复西方国家的老路。无数事实表明，中国式现代化道路完全超越"国强必霸"逻辑和"修昔底德陷阱"对抗，完全不同于资本主义国家的那种通过"血与火""剑与枪"的殖民掠夺和侵略战争手段开拓的现代化道路。

总之，中国式现代化是物质文明、政治文明、精神文明、社

---

① 习近平：《加强政党合作　共谋人民幸福——在中国共产党与世界政党领导人峰会上的主旨讲话》，《人民日报》2021年7月7日。

会文明和生态文明协调发展的现代化，创造了人类文明新形态。中国式现代化道路的成功开辟，不仅为人类提供了一条现代化崭新道路、模式和方案，而且为人类文明发展进步作出了重大贡献。

二

习近平总书记指出："中国式现代化蕴含的独特世界观、价值观、历史观、文明观、民主观、生态观等及其伟大实践，是对世界现代化理论和实践的重大创新。"①这一重大论断，从根本性、基础性、整体性、历史性上深刻揭示了中国式现代化的理念、观念、价值，以及世界观方法论，展现了中国式现代化不同于西方现代化模式的新内容、新特征、新图景。

中国式现代化蕴含的独特"六观"，是对西方现代化理论和实践的重大超越。从根本上说，西方现代化由于受资本主义制度及其基本矛盾的根本性局限，无法克服资本至上、弱肉强食、两极分化、霸道强权的本性和固有弊端。而中国式现代化在世界观、价值观、历史观、文明观、民主观、生态观上对西方现代化的超越，为世界现代化理论和实践创新作出了原创性贡献。比如，中国式现代化形成了人类命运与共、和平发展、合作共赢的世界观，在坚持维护世界和平与发展中谋求自身发展，又以自身发展更好维护世界和平与发展，倡导和平、发展、公平、正义、民主、自由的全人类共同价值，推动构建人类命运共同体。比如，中国式现代化坚持以人民为中心的价值观，以实现人的自由

---

① 《习近平在学习贯彻党的二十大精神研讨班开班式上发表重要讲话强调　正确理解和大力推进中国式现代化》，《人民日报》2023年2月8日。

全面发展为最终目标，追求人民至上的价值导向，以满足人民日益增长的美好生活需要为出发点和落脚点，让现代化建设成果更多、更公平惠及全体人民，不断增强人民群众的获得感、幸福感、安全感。比如，中国式现代化坚持人类历史不断进步、最终实现人的全面发展和彻底解放的历史观，认为人类历史发展是生产力与生产关系、经济基础与上层建筑相互作用的结果，资本主义不是人类历史的"终结"，而是人类社会历史发展的特定阶段，必然被更高的社会形态所取代。中国式现代化为中华民族伟大复兴开辟了广阔前景，也为人类对更好社会制度的探索，对人类解放、"美美与共，天下大同"提供中国方案。比如，中国式现代化倡导尊重文明多样性的文明观，坚持文明平等、互鉴、对话、包容，以文明交流超越文明隔阂、文明互鉴超越文明冲突、文明包容超越文明优越，彰显了独特而鲜明的文明观，是马克思主义文明观在新时代中国的创造性展现。比如，中国式现代化坚持全过程人民民主的民主观，主张广大人民群众共同管理国家和社会事务，反对建立在资本逻辑基础之上的虚假民主，反对服务于少数有产者的民主，展现了对民主这一全人类共同价值的全新理解，超越了当代西方民主，开辟了人类政治文明发展新境界。比如，中国式现代化坚持人与自然和谐共生的生态观，倡导尊重自然、顺应自然、保护自然，反对只讲索取不讲投入、只讲发展不讲保护、只讲利用不讲修复，深化了对生态文明发展规律的认识，继承和创新了马克思主义人与自然关系理论，极大丰富和拓展了马克思主义自然观和生态观。总之，中国式现代化蕴含的这些内涵丰富、内蕴深刻的理念观念和价值追求，集中彰显了中国式现代化的鲜明特征和独特优势，也为世界现代化理论和实践的重大创新提供了中国智慧和中国方案。

三

为帮助广大读者全面准确把握中国式现代化蕴含的独特世界观、价值观、历史观、文明观、民主观、生态观及其伟大实践，我们策划出版了"中国式现代化'六观'"丛书，从六个主题出发，也是从六个维度分别侧重研究中国式现代化，同时又形成密切联系、相互贯通的整体学理阐述，旨在讲清楚中国式现代化的理论和实践创新，讲清楚其鲜明特征、独特优势和重要价值、重大贡献，兼顾学理性和通识性，既是学术探讨，也是理论读物。

这套丛书具有鲜明特点。一是注重科学性。坚持唯物史观和大历史观，论从史出，史论结合，保证理论阐释的严谨性和史实叙述的准确性。二是注重权威性。坚持正确的政治方向、学术导向、价值取向，依据权威史料，传播富有说服力和感染力的中国理论、中国理念、中国价值。三是注重实践性。坚持解放思想、实事求是、守正创新，着眼于解决新时代改革开放和社会主义现代化建设的实际问题，得出符合客观规律的科学认识。四是注重前沿性。聚焦党和国家事业发展的重点、热点、焦点问题，深刻回答中国之问、世界之问、人民之问、时代之问，反映研究最新动态。五是注重创新性。在理论阐释、史料运用或历史叙事方面有新意，既把握宏观、讲清过程，又阐述经验、揭示规律。六是注重鲜活性。以精练适当的篇幅、通俗易懂的语言、鲜活生动的案例，向广大读者说清讲透中国式现代化蕴含的独特"六观"的深刻内涵和重大意义。

这套丛书具有重要的政治意义和理论价值。党的十八大以来,习近平总书记围绕中国式现代化发表一系列重要论述,立意高远,内涵丰富,思想深刻,进一步深化对中国式现代化的内涵和本质的认识,概括形成中国式现代化的中国特色、本质要求和重大原则,构建起中国式现代化的理论体系,使中国式现代化的图景更加清晰、更加科学、更加可感可行,对于深入研究、阐发中国式现代化理论具有十分重要的指导意义。这套丛书通过理论层面阐释中国式现代化蕴含的独特"六观",有助于在生动的中国式现代化实践中构建出系统的理论图景,有助于体系化、整体化把握中国式现代化理论,有助于增进对党的创新理论的政治认同、思想认同、理论认同、情感认同。

这套丛书也具有重要的实践意义和现实价值。党的二十大明确指出,从现在起,中国共产党的中心任务就是团结带领全国各族人民全面建成社会主义现代化强国、实现第二个百年奋斗目标,以中国式现代化全面推进中华民族伟大复兴。全党要坚持党的基本理论、基本路线、基本方略不动摇,坚定道路自信、理论自信、制度自信、文化自信,坚持独立自主、自力更生,坚持道不变、志不改,既不走封闭僵化的老路,也不走改旗易帜的邪路,坚定不移走好自己的路,心无旁骛做好自己的事,坚持把国家和民族发展放在自己力量的基点上,坚持把中国发展进步的命运牢牢掌握在自己手中。这套丛书有助于从多维角度展现以中国式现代化全面推进中华民族伟大复兴的伟大实践,着重论述阐释中国式现代化基于我国国情的鲜明特色、独特优势和实践要求,有助于增强人们在党的领导下坚定不移走中国式现代化道路的自觉自信,坚定不移沿着中国式现代化道路奋勇开拓前进。

目 录

为世界现代化理论与实践创新提供中国智慧
——中国式现代化"六观"的独特价值与贡献　姜　辉 /1

**导　论
中国式现代化蕴含独特的民主观** /1

**第一章
民主是中国式现代化的题中之义** /19

一、马克思、恩格斯对西方"现代化"和"民主"的批判 /22

二、现代化进程中民主实践的中国探索 /30

三、中国特色社会主义民主政治建设是社会主义现代化强国建设的重要路径 /42

**第二章
全过程人民民主是中国共产党的政治创举** /49

一、民主是跳出治乱兴衰历史周期率的第一个答案 /51

二、全过程人民民主的深刻内涵 /57

（一）关于"人民" /58

（二）关于"民主" /61

（三）关于"人民民主" /63

（四）关于"全过程人民民主" /66

第三章
关键在于人民当家作主 /69

一、人民当家作主是社会主义民主政治的本质属性 /71

二、人民至上是人民当家作主的具体体现 /75

三、坚持党的领导、人民当家作主和依法治国的有机统一 /83

第四章
中国式现代化民主观的鲜明特点和显著优势 /89

一、中国式现代化民主观的鲜明特点 /91

（一）以人民作为民主主体 /91

（二）全链条的民主环节 /93

（三）全方位的参与渠道 /96

（四）全覆盖的民主权利 /99

二、中国式现代化民主观的显著优势 /101

（一）党的全面领导的政治优势 /101

（二）激发人民创造活力的民心优势 /104

（三）凝聚起团结奋斗的力量优势 /107

（四）集中力量办大事的制度优势 /109

第五章
最广泛、最真实、最管用的人民民主 /113

一、全过程人民民主是最广泛的人民民主 /116

二、全过程人民民主是最真实的人民民主 /120

（一）在调查研究中倾听真实的声音 /121

（二）构建系统、广泛、有序的参与渠道 /123

（三）"有事好商量，众人的事情由众人商量"是人民民主的真谛 /126

三、全过程人民民主是最管用的人民民主 /127

（一）人民是民主效果的历史评判者 /128

（二）坚持问题导向，及时发现问题、解决问题 /129

（三）有效回应和解决人民之需 /130

第六章
塑造人类政治文明新形态 /135

一、世界格局演变中西式民主逐渐式微 /137

（一）西式民主无法代表人类政治文明发展方向 /137

（二）西式民主不是万能的民主范式 /140

二、全过程人民民主为人类民主事业作出新贡献 /145

（一）赋予人类民主理论新内涵 /145

（二）开辟人类民主实践的新路径 /147

（三）提供"两个结合"的新经验 /148

（四）成功破解"亨廷顿悖论" /151

三、全过程人民民主塑造人类政治文明新形态 /153

（一）塑造人类政治文明主体形态 /154

（二）塑造人类政治文明制度形态 /155

（三）塑造人类政治文明精神形态 /157

后　记 /161

导　论

中国式现代化
蕴含独特的民主观

21世纪的今天,"现代化""中国式现代化""民主""全过程人民民主"等,在我国社会政治生活中愈益广泛使用。2021年7月1日,在庆祝中国共产党成立100周年大会上的讲话中,习近平总书记指出,我们必须紧紧依靠人民创造历史,践行以人民为中心的发展思想,发展全过程人民民主。① 2022年10月16日,在党的二十大报告中,习近平总书记明确指出:"中国式现代化,是中国共产党领导的社会主义现代化。"② 这一重要论断,是对中国式现代化定性的话,是管总、管根本的。其中,发展全过程人民民主是中国式现代化的本质要求之一。2023年2月7日,在新进中央委员会的委员、候补委员和省部级主要领导干部学习贯彻习近平新时代中国特色社会主义思想和党的二十大精神研讨班开班式上的讲话中,习近平总书记指出:"中国式现代化蕴含的独特世界观、价值观、历史观、文明观、民主观、生态观等及其伟大实践,是对世界现代化理论和实践的重大创新。"③ 这一重要论断,蕴含着丰富的理论内涵,进一步廓清了中国式现代化与民主的关系,开辟了世界现代化进程中民主理论和实践的新境界,有助于我们更加深刻地理解中国式现代化蕴含的独特的民主观。

一、中国共产党肩负探索现代化道路的历史重任

现代化是人类社会发展、人类文明进步的必由之路,实现现

---

① 习近平:《在庆祝中国共产党成立100周年大会上的讲话》,人民出版社2021年版,第12页。
② 《中国共产党第二十次全国代表大会文件汇编》,人民出版社2022年版,第18页。
③ 《习近平在学习贯彻党的二十大精神研讨班开班式上发表重要讲话强调 正确理解和大力推进中国式现代化》,《人民日报》2023年2月8日。

代化是世界各国人民的一致追求和共同愿景。一般地说，现代化是指18世纪以来从传统经济向现代经济、传统政治向现代政治、传统社会向现代社会、传统文明向现代文明发展的历史进程、出现的深刻转变。它既发生在先进国家的历史跃迁中，也发生在后进国家的历史追赶中。

中华文明源远流长，中华文化博大精深。循迹溯源，"中华文明探源工程等重大工程的研究成果，实证了我国百万年的人类史、一万年的文化史、五千多年的文明史"①。中国曾长期走在世界前列，为人类社会发展、人类文明进步作出了卓越贡献。但是，就世界范围而言，现代化发轫于18世纪的西方国家，中国是后来者、落伍者。因此，"现代化"曾长期被人们定义为"西方道路"，被世界误解为"西方独有"。思考落后的原因，探索现代化的路径，实现赶超的目标，是近代以后中国人民历史活动的主题和主线。

1840年鸦片战争以后，中国逐步成为半殖民地半封建社会。在毛泽东看来，这时的中国，根本不可能实现真正的工业化和现代化，甚至连启动工业化和现代化道路的可能性都不存在。毛泽东认为，近代中国累累挨打、累累失败，"其原因：一是社会制度腐败，二是经济技术落后"②。2017年7月1日，在庆祝香港回归祖国20周年大会暨香港特别行政区第五届政府就职典礼上，习近平总书记指出，"近代以后，由于封建统治腐败、国力衰弱，中华民族陷入深重苦难"，"那时的中国历史，写满了民

---

① 《习近平在中共中央政治局第三十九次集体学习时强调 把中国文明历史研究引向深入 推动增强历史自觉坚定文化自信》，《人民日报》2022年5月29日。
② 《毛泽东文集》第8卷，人民出版社1999年版，第340页。

族的屈辱和人民的悲痛"。①

半殖民地半封建社会,是近代中国的基本国情,也是近代中国的最大实际。实现民族独立、人民解放,争取国家富强、人民幸福,是近代以来中国社会最艰巨的历史任务。实现现代化,实现中华民族伟大复兴,是近代以来中国人民最深切的伟大梦想。

从"器物"方面学习西方,洋务派发起以"自强""求富"为口号的洋务运动,"师夷长技以制夷"。但是,中日甲午战争中北洋海军的全军覆没,宣告了洋务运动的破产。

从"制度"方面学习西方,维新派进行了资产阶级改良运动。但是,维新派的"戊戌变法"遭遇到了守旧派的"戊戌政变",皇帝被囚、维新人士或被杀或逃亡。由于势单力薄,戊戌变法百日而终。

从"革命"方面学习西方,孙中山发动辛亥革命,结束了统治中国几千年的封建专制制度,打开了中国进步的闸门。但是,辛亥革命没有改变旧中国的社会性质,没有改变中国人民的悲惨命运,没有完成实现民族独立、人民解放的历史任务。从这个意义上说,它仍然是失败的。孙中山曾拟定《建国方略》,梦想"乘时一跃而登中国于富强之域,跻斯民于安乐之天"②。《建国方略》曾被称为近代中国谋求现代化的第一份蓝图。但是,在当时的境况下,孙中山的梦想更像是、也只能是一种遥不可及的空想。毛泽东指出:"在一个半殖民地的、半封建的、分裂的中国里,要想发展工业,建设国防,福利人民,求得国家的富强,多少年来多少人做过这种梦,但是一概幻灭。"③2020年10月13

---

① 习近平:《在庆祝香港回归祖国二十周年大会暨香港特别行政区第五届政府就职典礼上的讲话》,《人民日报》2017年7月2日。
② 孙中山:《建国方略》,生活·读书·新知三联书店2014年版,第2页。
③ 《毛泽东选集》第3卷,人民出版社1991年版,第1089页。

日,习近平总书记走进广东汕头开埠文化陈列馆,驻足凝视孙中山《建国方略》相关规划图,感慨地说:"只有我们中国共产党人实现了。"①

中国共产党的诞生,是开天辟地的大事变,深刻改变了近代以后中华民族发展的方向和进程,深刻改变了中国人民和中华民族的前途和命运,深刻改变了世界发展的趋势和格局。中国共产党一经诞生,就把探索中国现代化道路、实现中华民族伟大复兴的历史重任义无反顾地扛在自己的双肩之上,就把使中国走出落后状态作为自己的初始动力。中国共产党成为建设现代化国家历史任务、实现中华民族伟大复兴历史使命的领导者、承担者,这是时代的呼唤、人民的选择。

在新民主主义革命时期,我们党团结带领人民,浴血奋战、百折不挠,经过北伐战争、土地革命战争、抗日战争、解放战争,推翻帝国主义、封建主义、官僚资本主义三座大山,建立了人民当家作主的中华人民共和国,实现了民族独立、人民解放,为实现现代化创造了根本社会条件。在其间的抗日战争时期,毛泽东就分析过日本敢于欺负中国的主要原因:一是"中国民众的无组织状态"②;二是"中国没有强大的工业,它欺侮我们的落后"③。毛泽东指出:"要中国的民族独立有巩固的保障,就必需工业化。我们共产党是要努力于中国的工业化的。"④他还提出:"在新民主主义的政治条件获得之后,中国人民及其政府必须采取切实的步骤,在若干年内逐步地建立重工业和轻工业、使

---

① 《以中国式现代化推进中华民族伟大复兴(领航中国)》,《人民日报》2022年9月8日。
② 《毛泽东选集》第2卷,人民出版社1991年版,第512页。
③ 中共中央文献研究室:《毛泽东年谱(一八九三—一九四九)》中卷,中央文献出版社2013年,第515页。
④ 《毛泽东文集》第3卷,人民出版社1996年版,第146页。

中国由农业国变为工业国。"①"中国工人阶级的任务,不但是为着建立新民主主义的国家而斗争,而且是为着中国的工业化和农业近代化而斗争。"②在党的七届二中全会上,毛泽东多次使用了"现代性工业""现代化"等概念,提出逐步而积极地引导个体经济"向着现代化和集体化的方向发展",使"农业和手工业逐步地向着现代化发展"等。

新中国成立后,我们党团结带领人民进行社会主义革命,消灭在中国延续几千年的封建制度,确立社会主义基本制度,实现了中华民族有史以来最为广泛而深刻的社会变革,建立起独立的比较完整的工业体系和国民经济体系,社会主义革命和建设取得了独创性理论成果和巨大实践成就,为现代化建设奠定根本政治前提和宝贵经验、理论准备、物质基础。毛泽东指出:"我们不但善于破坏一个旧世界,我们还将善于建设一个新世界。"③"中国人民有志气,有能力,一定要在不远的将来,赶上和超过世界先进水平。"④这一时期,我们党提出了"四个现代化"的奋斗目标,即全面实现农业、工业、国防和科学技术的现代化,使我国经济走在世界的前列。

改革开放和社会主义现代化建设新时期,我们党作出把党和国家工作中心转移到经济建设上来、实行改革开放的历史性决策,大力推进实践基础上的理论创新、制度创新、文化创新以及其他各方面创新,实行社会主义市场经济体制,实现了从生产力相对落后的状况到经济总量跃居世界第二的历史性突破,实现了人民生活从温饱不足到总体小康、奔向全面小康的历史性跨越,

---

① 《毛泽东选集》第3卷,人民出版社1991年版,第1081页。
② 《毛泽东选集》第3卷,人民出版社1991年版,第1081页。
③ 《毛泽东选集》第4卷,人民出版社1991年版,第1439页。
④ 《建国以来重要文献选编(第十九册)》,人民出版社1998年版,第491页。

为中国式现代化提供了充满新的活力的体制保证和快速发展的物质条件。这一时期，我们使用了"中国式的四个现代化""中国式的现代化"等概念，强调"我们的现代化建设，必须从中国的实际出发"，"走出一条中国式的现代化道路"。党的十二大报告的题目是《全面开创社会主义现代化建设的新局面》，党的十三大、十四大、十五大、十六大、十七大先后提出解决人民的温饱问题、人民生活达到小康水平、全面建设惠及十几亿人口的更高水平的小康社会以及到21世纪中叶基本实现现代化的战略安排和奋斗目标。

党的十八大以来，中国特色社会主义进入新时代。中国共产党团结带领人民在已有基础上继续前进，不断实现理论和实践上的创新突破，成功推进和拓展了中国式现代化。我们在认识上不断深化，创立了习近平新时代中国特色社会主义思想，实现了马克思主义中国化时代化新的飞跃，为中国式现代化提供了根本遵循。我们在战略上不断完善，深入实施科教兴国战略、人才强国战略、乡村振兴战略等一系列重大战略，为中国式现代化提供坚实战略支撑。我们在实践上不断丰富，推进一系列变革性实践、实现一系列突破性进展、取得一系列标志性成果，推动党和国家事业取得历史性成就、发生历史性变革，特别是消除了绝对贫困问题，全面建成小康社会，为中国式现代化提供了更为完善的制度保证、更为坚实的物质基础、更为主动的精神力量。以习近平同志为主要代表的中国共产党人科学回答了建设什么样的社会主义现代化强国、怎样建设社会主义现代化强国的重大时代课题，就是以中国式现代化把我国全面建成富强民主文明和谐美丽的社会主义现代化强国，同时把我国建设成为综合国力和国际影响力领先的社会主义现代化强国，从而初步构建了中国式现代化的理论体系。

历史是最好的教科书。毛泽东曾说过,"不讲历史就讲不出道理","只有讲历史才能说服人","我们看历史,就会看到前途"①。习近平总书记坚持大历史观,得出了令人信服的结论,这就是,中国式现代化是从马克思主义中走来的,是从中华优秀传统文化中走来的,是从中国共产党的百余年奋斗中走来的,是从改革开放的伟大实践中走来的,是从新时代的历史变革中走来的。

二、中国共产党谱写人民当家作主的辉煌篇章

民主是全人类的共同价值,民主是人类不懈追求的政治理想。民主,其本意是要求实行多数人的统治。从词源学的维度来看,"民主"是由古希腊语的"人民"和"治理、统治或权威"等概念演变而来的,其基本含义是"人民的权力、权威"或"人民进行治理、统治"。古希腊历史学家希罗多德在其《历史》一书中首次使用了"民主"这一概念,用来诠释与专制相对立的希腊城邦国家雅典的政治制度与政治实践。但是,由于受到政治、经济、文化等发展条件和发展程度的制约,在其出现后的两千多年里,民主一直沉湎于世。直到19世纪,民主才在西方一些国家实现了从观念向制度、从理论向实践的转化。这就是资产阶级民主。

在人类政治文明史上,资产阶级民主代替封建专制是一个巨

---

① 中共中央文献研究室:《毛泽东年谱(一九四九——一九七六)》第5卷,中央文献出版社2013年版,第373页。

大进步，但它是建立在不平等的经济关系基础上的，在本质上代表的是资本拥有者的利益。马克思、恩格斯曾深刻批判资本主义民主的虚伪性和局限性，认为未来社会的政治制度必须建立在人民主体之上，是人民自己的作品。马克思、恩格斯指出："民主是什么呢？它必须具备一定的意义，否则它就不能存在。因此全部问题在于确定民主的真正意义。如果这一点我们做到了，我们就能对付民主，否则我们就会倒霉。"①"'民主的'这个词在德语里意思是'人民当权的'。"②"在君主制中是国家制度的人民；在民主制中则是人民的国家制度。""工人阶级一旦取得统治权，就不能继续运用旧的国家机器来进行管理"，必须"以新的真正民主的国家政权来代替"。③国家机关必须由社会主人变为社会公仆，接受人民监督。这就是说，由于时代和国度不同、立场和利益不同，人们对于民主的认知和运用也会不同。实现民主政治的形式是丰富多彩的，不能拘泥于刻板的模式。

在共产党执政的社会主义国家，民主的核心内容是如何保证人民的权利真切实现、如何保障国家的权力健康运行。人民、人民当家作主、全过程人民民主，是当代中国共产党人视域中的民主的核心要义。这是因为，人民立场是中国共产党人的根本政治立场，这也是马克思主义政党区别于其他政党的显著标志。"人之命在元气，国之命在人心。"人心向背是一个政权兴衰成败的决定性因素，是一个政党生死存亡的决定性因素。历史和现实都充分证明，人民是中国共产党执政的最大底气，是人民共和国的坚实基础。正是在这个意义上，中国共产党的领导和执政、长期

---

① 《马克思恩格斯全集》第7卷，人民出版社1959年版，304页。
② 《马克思恩格斯全集》第25卷，人民出版社2001年版，第26页。
③ 《马克思恩格斯选集》第2卷，人民出版社2012年版，第54—55页。

执政源于人心所向，是人民的选择、历史的选择。

民主是中国共产党和中国人民始终不渝坚持的重要理念。100多年前，"德先生"即"Democracy"从西方进入中国，民主、民主政治的理念逐渐落地生根、深入人心。100多年后，全过程人民民主成为中国特色社会主义民主政治区别于西方国家资本主义民主的突出特征和显著优势。

抗日战争胜利前夕，面对黄炎培提出的兴勃亡忽的"历史周期率"问题，毛泽东郑重回答，我们已经找到新路，我们能跳出这周期率。这条新路，就是民主，就是人民起来监督政府。中国共产党成立28周年之际，毛泽东在《论人民民主专政》一文中对人民民主专政的性质、意义、任务、领导力量、依靠力量和团结力量进行了系统论述。这是毛泽东在新中国成立前夕对我国社会主义民主政治的战略擘画。

人民民主是中国共产党始终高举的旗帜。民主实质上是一种政治制度安排，涉及国体和政体等重大问题。新中国成立后，我国的国体是人民民主专政，我国的政体是人民代表大会制度。毛泽东指出："中国的命运一经操在人民自己的手里，中国就将如太阳升起在东方那样，以自己的辉煌的光焰普照大地。"[1]毛泽东还指出："总结我们的经验，集中到一点，就是工人阶级（经过共产党）领导的以工农联盟为基础的人民民主专政。"[2]他特别强调，共产党领导的人民民主专政的政府，"是人民自己的政府。这个政府的工作人员对于人民必须是恭恭敬敬地听话的"[3]。《中华人民共和国宪法》第二条规定：中华人民共和国的

---

[1]《毛泽东选集》第4卷，人民出版社1991年版，第1467页。
[2]《建国以来重要文献选编（第十三册）》，中央文献出版社1996年版，第330页。
[3] 中共中央文献研究室：《毛泽东年谱（一八九三—一九四九）》下卷，人民出版社、中央文献出版社1993年版，第560页。

一切权力属于人民。

党的十八大以来，我们党对人民民主的认识更加真切、更加深刻，人民民主实践的路径更加清晰、更加宽阔。2014年9月21日，习近平总书记在庆祝中国人民政治协商会议成立65周年大会上的讲话中指出，中国共产党领导人民实行人民民主，就是保证和支持人民当家作主。社会主义民主的本质是人民民主，其核心内容是人民当家作主。从这个意义上说，人民民主是社会主义的生命。2019年11月2日，习近平总书记在上海市考察时指出，我们走的是一条中国特色社会主义政治发展道路，人民民主是一种全过程的民主。2021年3月通过的《中华人民共和国全国人民代表大会组织法（修正草案）》和《中华人民共和国全国人民代表大会议事规则（修正草案）》，都明确写入"坚持全过程民主"。2021年7月1日，习近平总书记在庆祝中国共产党成立100周年大会上的讲话中强调"发展全过程人民民主"。2021年10月，习近平总书记在中央人大工作会议上的讲话中再次强调，我们要坚持中国特色社会主义政治发展道路，坚持和完善人民代表大会制度，加强和改进新时代人大工作，不断发展全过程人民民主，巩固和发展生动活泼、安定团结的政治局面。①

"名非天造，必从其实。"从人民民主到全过程人民民主，是民主理论和民主实践的双重跃升。其一，全过程人民民主，具体体现在中国共产党治国理政全部实践活动之中，贯通了民主选举、民主协商、民主决策、民主管理、民主监督等各个环节，是全链条、全方位、全覆盖的民主。其二，全过程人民民主，以全过程的程序和形式，保证人民意愿的代表性、广泛性和真实性，

---

① 《坚持和完善人民代表大会制度　不断发展全过程人民民主》，《人民日报》2021年10月15日。

体现人民利益的全局性、长远性和根本性。其三，全过程人民民主，实现了过程民主和成果民主、程序民主和实质民主、直接民主和间接民主、人民民主和国家意志相统一，具有鲜明的中国特色、中国风格、中国智慧。其四，全过程人民民主，深化了对我国社会主义民主政治发展规律的认识，走出了一条符合中国国情的中国特色社会主义民主政治发展道路，是最广泛、最真实、最管用的民主，代表着人类政治文明的发展方向。其五，民主，既是社会主义核心价值观的重要内容，也是中国共产党人倡导、弘扬和践行的全人类共同价值的重要内容。中国共产党人既是认识论者，也是实践论者，是认识论者与实践论者的有机统一论者。习近平总书记指出："民主不是装饰品，不是用来做摆设的，而是要用来解决人民需要解决的问题的。"①总之，全过程人民民主是新时代中国共产党人团结带领中国人民进行的创新和创造，是中国共产党人发展中国特色社会主义民主政治的新实践和新成就。

三、全过程人民民主是中国式现代化本质要求的独特内容

中国共产党对现代化道路的探索和民主道路的探索，都是一个坚持不懈推进的历史行程，并不断增添着新的内容和意涵。中国式现代化与全过程人民民主历史性地连接在一起，相辅相成、相得益彰。

现代化是中国共产党人百余年来矢志不渝的追求。建设社会

---

① 《习近平谈治国理政》第2卷，外文出版社2017年版，第296页。

主义现代化是新中国成立后从第一个五年计划到第十四个五年规划一以贯之的主题。中国式现代化是中国共产党人在新时代的创新、创造。在党的二十大报告中，习近平总书记指出："在新中国成立特别是改革开放以来长期探索和实践基础上，经过十八大以来在理论和实践上的创新突破，我们党成功推进和拓展了中国式现代化。"①中国式现代化，有各国现代化的共同特征，更有基于自己国情的中国特色，从而突破了"现代化就是西方化"的迷思。中国式现代化是人口规模巨大的现代化，是全体人民共同富裕的现代化，是物质文明和精神文明相协调的现代化，是人与自然和谐共生的现代化，是走和平发展道路的现代化。中国式现代化是现代化新途，摒弃了西方以资本为中心的现代化、两极分化的现代化、物质主义膨胀的现代化、对外扩张掠夺的现代化老路。中国式现代化的本质要求是，坚持中国共产党领导，坚持中国特色社会主义，实现高质量发展，发展全过程人民民主，丰富人民精神世界，实现全体人民共同富裕，促进人与自然和谐共生，推动构建人类命运共同体，创造人类文明新形态。中国式现代化，深深根植于中华优秀传统文化，借鉴吸收一切人类优秀文明成果，代表人类文明进步的发展方向，展现了不同于西方现代化模式的新图景，是一种全新的人类文明形态。中国式现代化归根到底是人的现代化、人民的现代化，而不是西方现代化那种物的现代化、资本的现代化。习近平总书记指出："现代化的最终目标是实现人自由而全面的发展。"②就此而论，中国式现代化体现科学社会主义的先进本质，中国式现代化理论是科学社会主义

---

① 习近平：《高举中国特色社会主义伟大旗帜　为全面建设社会主义现代化国家而团结奋斗——在中国共产党第二十次全国代表大会上的报告》，人民出版社2022年版，第22页。
② 中共中央宣传部：《习近平新时代中国特色社会主义思想学习纲要（2023年版）》，学习出版社、人民出版社2023年版，第56页。

的最新重大成果。

实现人自由而全面的发展，即"为人类求解放"，是马克思主义的最高旨归，是共产党人的历史使命。坚持以人民为中心，是马克思主义唯物史观的时代彰显，是中国共产党人的根本立场，是我们党长期执政和治国理政的最大底气，是中国式现代化蕴含的民主观的最鲜明特色和最核心内容。

人民当家作主是社会主义民主的本质，全过程人民民主是中国式现代化的本质要求之一。社会主义民主区别于、优越于资本主义民主的最根本之点，就是明确并坚持人民是民主的主体，这是中国共产党人的一贯立场，是中国式现代化蕴含的独特民主观的逻辑起点。

资本主义民主，主要体现在选举环节，即每隔几年的国家或地方主要领导人的投票选举。马克思、恩格斯曾揭露过这种投票选举的本质，即资产阶级的这种选举，无非是每隔几年在资产阶级内部换个人上台而已。恩格斯形象地描述英国的民主就是"两个轮流执政并以这种方式使资产阶级统治永存的旧政党的跷跷板游戏"①。列宁也曾深刻指出："每隔几年决定一次究竟由统治阶级中的什么人在议会里镇压人民、压迫人民，——这就是资产阶级议会制的真正本质，不仅在议会制的立宪君主国是这样，而且在最民主的共和国内也是这样。"②这就是说，在选举环节之外以及在选举之后，就没有什么民主的过程了。因此，资本主义民主只能是一种"形式上的民主"，甚至是"虚假的民主"。

民主是现代政治的本质，民主的要义则是人民的政权，社会主义民主更是彰显出人民民主的特征，即人民当家作主。可以

---

① 《马克思恩格斯文集》第1卷，人民出版社2009年版，第381页。
② 《列宁选集》第3卷，人民出版社2012年版，第150页。

说，民主是各国实现本国现代化的重要内容，是衡量一国现代化与否的重要标志，没有民主就没有现代化。邓小平曾指出："我们进行社会主义现代化建设，是要在经济上赶上发达的资本主义国家，在政治上创造比资本主义国家的民主更高更切实的民主，并且造就比这些国家更多更优秀的人才。"①

全过程人民民主展现了中国式现代化政治发展特别是不断推进国家治理体系和治理能力现代化的独特魅力，进一步深化了对民主政治发展规律的认识，丰富和发展了社会主义民主政治理论，为建设社会主义政治文明指明了前进方向。同时，在党的领导下，发展全过程人民民主，推进中国式现代化，突出了现代化方向的人民性，突出了探索现代化道路的多样性，保持了现代化进程的持续性，增强了现代化成果的普惠性。

中国式现代化，是中国共产党领导的社会主义现代化，是坚持以人民为主体的现代化。中国式现代化蕴含的民主观彰显了鲜明的人民性。人民是现代化建设的重要参与者，也是现代化成果的享有者。推进中国式现代化，必须坚持人民的主体地位，切实保证人民当家作主。习近平总书记指出："人民民主是社会主义的生命，没有民主就没有社会主义，就没有社会主义的现代化，就没有中华民族伟大复兴。"②我们党始终坚持以人民为中心、发展全过程人民民主，把人民当家作主有机地融入现代化建设一切领域和全部过程，从而不断凝聚起建设社会主义现代化国家的磅礴力量，更好造福全体中国人民。实践充分证明，社会主义现代化是在人民民主制度基础上发展的，中国式现代化是在充分实现

---

① 《邓小平文选》第2卷，人民出版社1994年版，第322页。
② 中共中央宣传部：《习近平新时代中国特色社会主义思想学习纲要（2023年版）》，学习出版社、人民出版社2023年版，第165页。

人民平等参与、平等发展权利基础上推进的。没有全过程人民民主，就没有中国式现代化。

　　本书阐述的中国式现代化蕴含独特民主观，其独特之处在于：没有民主，就没有社会主义现代化，社会主义现代化是在人民民主制度基础上发展的，离开了民主，就不可能实现现代化；没有全过程人民民主，就没有中国式现代化，中国式现代化是在充分实现人民平等参与、平等发展权利基础上发展的；西方的现代化实现的只是资本的民主，只是实现了少数资本家的民主，并没有实现人民的民主权利。这就是说，民主不仅是社会主义制度的重要内容，更是社会主义制度的本质属性；民主既是社会主义现代化建设的重要任务，也是社会主义现代化建设的政治保证。民主观的这些主要内容，是在总结世界现代化进程基础上提出来的，也是在推动社会主义现代化过程中形成的。中国式现代化蕴含的独特民主观，特别是全过程人民民主，为我们党坚持以人民为中心的发展思想，坚持人民当家作主的制度体系，坚持党的群众路线，充分激发全体人民的主人翁精神，把全过程人民民主更好转化为全面建设社会主义现代化国家、全面推进中华民族伟大复兴的强大动力指明了前进方向、提供了根本遵循。

第一章

民主是中国式现代化的题中之义

现代化是世界各国的共同追求，实现现代化是各国人民的普遍愿望。18世纪，起源于英国的第一次工业革命开启了世界现代化的历史进程。但是，世界上既不存在定于一尊的现代化模式，也不存在放之四海而皆准的现代化标准。每个国家都有自己的国情、自己的社会制度和自己的文化，因此各自的现代化道路都会呈现出各自的特色。在当今政党政治时代，政党的执政能力、领导水平集中体现为其领导现代化进程、实现现代化目标的能力和水平。习近平总书记强调，我们坚持和发展中国特色社会主义，推动物质文明、政治文明、精神文明、社会文明、生态文明协调发展，成功走出了中国式现代化新道路、创造了人类文明新形态。现代化是一个历史范畴，是一个历史过程，是人类社会文明发展到一定程度的产物，而不是一朝一夕就能完成的。同时，现代化是一个综合概念，首要的也是最本质的，必须包括工业化的基本内容，但是，除此之外，还要包括政治思想、生活观念、文化修养等其他方面许多新的内容，而这些新的内容的很多部分又是由工业化这一变革过程所生发的。仅就经济与政治的关系而言，政治在受社会经济基础决定的同时，也具有相对的独立性。恩格斯曾指出，当国家权力沿着与经济发展同一个方向起作用时，经济就发展得比较快。[①]这就是说，政治发展应该与经济发展保持同一个方向，自觉、主动地为经济发展服务。其中，民主是现代政治发展的主题和重要内容。因此，民主是推动现代化国家建设的基本力量，也是现代化国家建设的基本目标和必然要求。中国式现代化是全面建成富强民主文明和谐美丽的社会主义现代化强国、全面推进中华民族伟大复兴的唯一正确道路。现代化，归根到底是人的现代化，就此而论，民主同样是中国式现代

---

① 《马克思恩格斯选集》第4卷，人民出版社2012年版，第610页。

化的题中之义。

一、马克思、恩格斯对西方"现代化"和"民主"的批判

英语单词"modern"是形容词，出现于16世纪。其含义包括：一是表示性质，即现代的、新近的、时髦的，没有领域限制，因此，它可以指人类活动各个方面的特点。二是表示时间，即现代的，指从大约公元1500年到当前这段历史时间，没有时间下限，因此，它是可以无限延长的。英语单词"modernize"是动词，产生于18世纪，其含义是：使现代化（成为具有现代特点的、成为现代的），使适合现代需要。英语单词"modernization"是"modernize"的名词形式，同样产生于18世纪。由此可知，"现代化"具有两个词义：一是指成为现代的、适合现代需要的；二是指大约公元1500年以来出现的新特点、新变化。人们使用"现代化"，一般都基于它的这两个词义。但是，在不同情况下，描述的对象不同，"现代化"的具体内涵也有所不同。在20世纪，"modernize"和"modernization"被普遍使用，与机制（institutions）、工业（industry）有关，"通常用来表示完全令人喜欢或满意的事物，并且暗示着一些局部的改变，或是暗示对旧机制或体系的改善"。①

在中国，"现代化"一词出现于20世纪初，是源于对"modern"的翻译。就世界范围而言，中国是世界现代化历史进程中

---

① 张静：《"现代化"概念、话语和分析范式的源流溯探》，《国家现代化建设研究》2023年第3期。

的后来者。1933年,《申报月刊》曾出版"中国现代化问题"特辑,发表26篇文章,集中讨论了两个问题:一是中国现代化的困难和障碍是什么?要促进中国现代化,需要哪些先决条件?二是中国现代化应当采取哪一个方式:是个人主义的或社会主义的?是外国资本所促成的现代化或国民资本所自发的现代化?实现这些方式的步骤怎样?但是,在当时的历史背景下,这一讨论只能是知识阶层的纸上谈兵。

马克思、恩格斯所处的时代,正是第一次工业革命所导致的英国的现代化阶段。"资产阶级在它的不到一百年的阶级统治中所创造的生产力,比过去一切世代创造的全部生产力还要多,还要大。自然力的征服,机器的采用,化学在工业和农业中的应用,轮船的行驶,铁路的通行,电报的使用,整个整个大陆的开垦,河川的通航,仿佛用法术从地下呼唤出来的大量人口——过去哪一个世纪料想到在社会劳动里蕴藏有这样的生产力呢?"[①]马克思在《资本论》中还指出:"工业较发达的国家向工业较不发达的国家所显示的,只是后者未来的景象。"[②]这就指出了当时工业不发达国家的现代化方向。但是,在马克思、恩格斯的经典著述中,极少出现"现代化"一词。即便出现,也是在中文"现代的"意义上来使用的。例如,在《资本论》中,马克思将"现代化的资本家"作为"古典的资本家"的对立面,用以描述二者对于资本积累的不同态度。[③]在他们的论著中,更多提到的是"现代资产阶级经济学""现代自然科学""现代工业""现代社会经济发展""现代资产阶级国家""现代资本主义生产""现代的社

[①]《马克思恩格斯文集》第2卷,人民出版社2009年版,第36页。
[②] 马克思:《资本论》第1卷,人民出版社2004年版,第8页。
[③] 马克思:《资本论》第1卷,人民出版社2004年版,第685页。

会主义""现代的一切冲突""现代国家政权"等概念和术语。这些概念和术语，涉及政治、经济、文化等各个领域，构成了"全部现代社会体系"。①马克思、恩格斯强调，"现代国家形式是以消除落后封建制度为前提"②，并认为"没有古希腊罗马的奴隶制，就没有现代的社会主义"③。

马克思、恩格斯肯定西方现代化具有一定的先进性。他们认为，其一，大工业是现代化的本质特征。"蒸汽和新的工具机把工场手工业变成了现代的大工业，从而把资产阶级社会的整个基础革命化了。工场手工业时代的迟缓的发展进程变成生产中的真正的狂飙时期。"④工业革命造成了生产力的一次巨大解放。"大工业的巨大的扩张力——气体的膨胀力同它相比简直是儿戏——现在在我们面前表现为不顾任何反作用力在质量上和数量上进行扩张的需要。"⑤"自从蒸汽和新的工具机把旧的工场手工业变成大工业以后，在资产阶级领导下造成的生产力，就以前所未闻的速度和前所未闻的规模发展起来了。"⑥其二，城市化是现代化的一个特征。工业革命发生以后，城市化是一种必然的趋势。"凡是它渗入的地方，它就破坏手工业和工业的一切旧阶段。它使城市最终战胜了乡村"⑦，使"乡村城市化，而不像在古代那样，是城市乡村化"⑧。"现代化大工业城市"像闪电般迅速成长起来，代替从前自然成长起来的城市。其三，工业革命开创了世界

---

① 《马克思恩格斯选集》第2卷，人民出版社2012年，第70页。
② 《马克思恩格斯选集》第3卷，人民出版社2012年版，第33页。
③ 《马克思恩格斯选集》第3卷，人民出版社2012年版，第561页。
④ 《马克思恩格斯全集》第3卷，人民出版社2001年版，第381页。
⑤ 《马克思恩格斯选集》第3卷，人民出版社2012年版，第663页。
⑥ 《马克思恩格斯选集》第3卷，人民出版社2012年版，第655页。
⑦ 《马克思恩格斯选集》第1卷，人民出版社2012年版，第194页。
⑧ 《马克思恩格斯全集》第30卷，人民出版社1995年版，第474页。

市场和世界历史。大工业把世界各国人民互相联系起来，把所有地方性的小市场联合成为一个世界市场。资本主义"首次开创了世界历史，因为它使每个文明国家以及这些国家中的每一个人的需要的满足都依赖于整个世界，因为它消灭了各国以往自然形成的闭关自守的状态"①。这种影响是在统一的世界市场内靠大工业产品的渗透力进行的。世界市场的形成，"到处为文明和进步做好了准备，使各文明国家里发生的一切必然影响到其余各国"②。不仅如此，"产业革命同时又引起了市民社会的全面变革，而它的世界历史意义只是在现在才开始被认识清楚"③。

但是，马克思、恩格斯对西方现代化整体上是持批判态度的，认为西方现代化并未带来平等民主的社会，而是带来严重的两极分化。"社会越来越迅速地分化为大资本家和一无所有的无产者"④，"现代工业的进步促使资本和劳动之间的阶级对立更为发展、扩大和深化。与此同步，国家政权在性质上也越来越变成了资本借以压迫劳动的全国政权，变成了为进行社会奴役而组织起来的社会力量，变成了阶级专制的机器"⑤。"只要工人在什么地方决心由自己来做这件事，那些替以资本和雇佣奴隶为两极的现代社会（地主现在只不过是资本家的驯顺伙伴）说话的喉舌，立刻就出来大唱辩护之歌。"⑥"现代资产阶级国家体现在议会和政府这两大机构上……它现在已经成了——至少在欧洲大陆上是如此——占有者阶级能继续统治生产者阶级的唯一可能的国家形

---

① 《马克思恩格斯选集》第1卷，人民出版社2012年版，第194页。
② 《马克思恩格斯选集》第1卷，人民出版社2012年版，第299页。
③ 《马克思恩格斯全集》第2卷，人民出版社1957年版，第281页。
④ 《马克思恩格斯全集》第25卷，人民出版社2001年版，第381页。
⑤ 《马克思恩格斯选集》第3卷，人民出版社2012年版，第1024页。
⑥ 马克思：《法兰西内战》，人民出版社2018年版，第63页。

式。"①"社会所拥有的生产力已经不能再促进资产阶级文明和资产阶级所有制关系的发展；相反，生产力已经强大到这种关系不能适应的地步，它已经受到这种关系的阻碍……资产阶级的关系已经太狭窄了，再容纳不了它本身所造成的财富了"②，因此它必然要走向灭亡。西方现代化，带来的是矛盾、危机和对抗。"生产已经成为社会的活动；而交换以及和它相伴随的占有，仍旧是个体的活动，单个人的活动：社会的产品被个别资本家所占有。这就是产生现代社会的一切矛盾的基本矛盾，现代社会就在这一切矛盾中运动，而大工业把它们明显地暴露出来了。"③"赋予新的生产方式以资本主义性质的这一矛盾，已经包含着现代的一切冲突的萌芽。新的生产方式越是在一切有决定意义的生产部门和一切在经济上起决定作用的国家里占统治地位，并从而把个体生产排挤到无足轻重的残余地位，社会化生产和资本主义占有的不相容性，也必然越加鲜明地表现出来。"④"不论是机器的改进，科学在生产上的应用，交通工具的改良，新的殖民地的开辟，向外移民，扩大市场，自由贸易，或者是所有这一切加在一起，都不能消除劳动群众的贫困；在现代这种邪恶的基础上，劳动生产力的任何新的发展，都不可避免地要加深社会对比和加强社会对抗。"⑤马克思、恩格斯还指出，"我们终于有了世界贸易，有了真正的大工业和真正的现代资产阶级；但同时我们这里也有了真正的危机，而且也形成了真正的、强大的无产阶级"⑥。

---

① 马克思：《法兰西内战》，人民出版社2018年版，第127页。
② 《马克思恩格斯选集》第1卷，人民出版社2012年版，第406页。
③ 《马克思恩格斯全集》第25卷，人民出版社2001年版，第413页。
④ 《马克思恩格斯全集》第25卷，人民出版社2001年版，第399页。
⑤ 《马克思恩格斯全集》第21卷，人民出版社2003年版，第10页。
⑥ 《马克思恩格斯文集》第2卷，人民出版社2009年版，第216页。

"只有现代大工业所造成的、摆脱了一切历来的枷锁、也摆脱了将其束缚在土地上的枷锁并且被一起赶进大城市的无产阶级，才能实现消灭一切阶级剥削和一切阶级统治的伟大社会变革。"①而无产阶级要上升为统治阶级，就必须"推翻资产阶级的统治，由无产阶级夺取政权"，这正是马克思、恩格斯在《共产党宣言》中所阐明的"共产党人的最近目的"②。

马克思、恩格斯深刻洞悉了资本主义现代化的本质，认为资产阶级经济关系难以孕育现代平等观念。他们指出："在经济关系要求自由和平等权利的地方，政治制度却每一步都以行会束缚和各种特权同它对抗。地方特权、差别关税以及各种各样的特别法令，不仅在贸易方面打击外国人或殖民地居民，而且还时常打击本国的各类国民；行会特权处处和时时都一再阻挡着工场手工业发展的道路。无论在哪里，道路都不是自由通行的，对资产阶级竞争者来说机会都不是平等的，而自由通行和机会平等是首要的和愈益迫切的要求。"③恩格斯还强调："从资产阶级社会的经济条件中这样推导出现代平等观念，首先是由马克思在《资本论》中作出的。"④"现代国家也只是资产阶级社会为了维护资本主义生产方式的一般外部条件使之不受工人和个别资本家的侵犯而建立的组织。现代国家，不管它的形式如何，本质上都是资本主义的机器，资本家的国家，理想的总资本家。它越是把更多的生产力据为己有，就越是成为真正的总资本家，越是剥削更多的公民。工人仍然是雇佣劳动者，无产者。资本关系并没有被消

---

① 恩格斯：《论住宅问题》，人民出版社2019年版，第23页。
② 《马克思恩格斯选集》第1卷，人民出版社2012年版，第413页。
③ 《马克思恩格斯文集》第9卷，人民出版社2009年版，第254页。
④ 《马克思恩格斯选集》第3卷，人民出版社2012年版，第483页。

灭，反而被推到了顶点。但是在顶点上是要发生变革的。"①在马克思、恩格斯的视野里，无产阶级和阶级斗争在现代社会中占有重要地位。他们一再强调，自从原始氏族社会解体以来，人类的全部历史都是阶级斗争的历史。进入大工业时代以后，阶级斗争已经达到这样一个阶段："即被剥削压迫的阶级（无产阶级），如果不同时使整个社会永远摆脱剥削、压迫和阶级斗争，就不再能使自己从剥削它压迫它的那个阶级（资产阶级）下解放出来。"②这就是说，无产阶级是现代社会发展的直接动力，阶级斗争是资本主义社会现代化的实质性内容，推翻资产阶级统治的无产阶级革命则成为大工业时代生产力解放和社会进步的关键之所在。

在马克思、恩格斯生活的年代，资本的逐利性造成现代社会富者越富、穷者越穷的两极分化，精神、文化、生活都是为资本扩张服务的。在资本扩张面前，人性的优点成为谋取物质利益的手段，人的价值取决于其作为经济工具的效能。在西方式民主运行中，人的主体性中蕴含的平等诉求并未在资本主义生产关系确立之后得到现实保障。古希腊城邦时期就存在的公民选举资格的条件限制，使性别、种族、肤色、财产等进一步造成主体不平等，严重背离了民主的原初价值。

从历史唯物主义的视角来看，资本主义民主制度较之于封建制度，的确是一个巨大的历史进步。但是，与此同时，西方民主是在资本主义的土壤中培育发展的，势必从母体中遗传其局限性，它只是一种形式民主。马克思、恩格斯深刻批判了资本主义民主的局限性和虚伪性。这种局限性和虚伪性源于资本主义民主的阶级性。在马克思、恩格斯看来："现代的国家政权不过是管理整个

---

① 《马克思恩格斯选集》第3卷，人民出版社2012年版，第318页。
② 《马克思恩格斯选集》第1卷，人民出版社2012年版，第402页。

资产阶级的共同事务的委员会罢了。"①它表面上是替国民服务，实际上却是统治和掠夺，这种虚假和片面的民主与真正的民主相去甚远。他们所做的一切，无非用"金钱特权代替了个人特权和世袭特权"。马克思指出："议会形式只是行政权用以骗人的附属物而已。"②它只是"为了每三年或六年决定一次由统治阶级中什么人在议会里当人民的假代表……"③资产阶级赋予人民的各项权利一旦和资产阶级的根本利益发生冲突，就不再是属于人民的权利。列宁指出："资本主义社会里的民主是一种残缺不全的、贫乏的和虚伪的民主，是只供富人、只供少数人享受的民主。"④马克思、恩格斯在《共产党宣言》中明确指出无产阶级政党的使命："工人革命的第一步就是使无产阶级上升为统治阶级，争得民主。"⑤权力掌握在无产阶级手中，这种民主是属于无产阶级的，代表无产阶级的民主。这种民主的本质属性，就是人民当家作主。马克思指出："在民主制中，国家制度、法律、国家本身，就国家是政治制度来说，都只是人民的自我规定和人民的特定内容。"⑥他们还深刻洞悉到，民主绝不仅仅是政治民主，更是社会民主。在经济生产领域、社会治理领域、个人权利等方面都应践行民主的制度与价值，把直接民主广泛地运用到政治、社会和经济领域。无产阶级新型民主应当不仅包括政治民主，还包括经济民主和社会民主等多方面内容，内容是具体的、全面的、广泛的。

总之，马克思主义民主观的主要内容大致包括：任何民主，

---

① 《马克思恩格斯选集》第1卷，人民出版社2012年版，第402页。
② 《马克思恩格斯选集》第3卷，人民出版社2012年版，第139页。
③ 《马克思恩格斯文集》第3卷，人民出版社2009年版，第156页。
④ 《列宁选集》第3卷，人民出版社2012年版，第191页。
⑤ 《马克思恩格斯选集》第1卷，人民出版社2012年版，第421页。
⑥ 《马克思恩格斯全集》第3卷，人民出版社2002年版，第41页。

和一般的任何政治上层建筑一样，归根到底是为生产服务的，并且归根到底是由该社会中的生产关系决定的；权力必须掌握在无产阶级手中；作为民主形态的人民民主，是属于绝大多数人的；这种民主是真实的民主，它关注政治过程，实现民主与治理的有机统一。

二、现代化进程中民主实践的中国探索

在中华文明5000多年的历史演进中，逐步形成了重民、贵民、安民、恤民、爱民等民本思想，其中蕴含着宝贵的民主因素。但是，在2000多年的封建专制统治之下，中国广大劳动人民始终处于受压迫、受剥削的社会最底层，根本谈不上有多少权利。1840年鸦片战争之后，近代中国逐步成为半殖民地半封建社会，人民更是毫无民主可言。1911年辛亥革命之后，中国曾模仿议会制、多党制、总统制等西方政治制度模式，以期实现民主之治，结果都以失败而告终，这表明西方民主不服中国的水土。

十月革命一声炮响，给中国送来了马克思列宁主义。在马克思列宁主义与中国工人运动的结合中，中国共产党于1921年应运而生。习近平总书记指出："中国共产党自成立之日起，就致力于建设人民当家作主的新社会，提出了关于未来国家制度的主张，并领导人民为之进行斗争。"①从此，在中国这个半殖民地半封建社会的国度里，在中国这个现代化的后来者和落伍者以及缺乏现代民主的国度里，开启了自觉主动追求现代化和民主的历史行程。

---

① 习近平：《论坚持人民当家作主》，中央文献出版社2021年版，第274页。

1917年俄国十月革命是人类历史上第一次胜利的社会主义革命，建立了第一个无产阶级领导的社会主义国家，开辟了人类探索社会主义道路的新时代。无产阶级的新民主在苏维埃俄国落地生根、付诸实践。正如马克思、恩格斯在《共产党宣言》中所宣称的那样，向全世界宣告崭新的社会制度由理想变为现实，第一次尝试建设公平正义、共同富裕的美好社会，建立起一种"新的国家制度"。这种国家制度要能"真正表现人民的意志"，实现人民的主权。列宁把资产阶级称为剥削阶级，认为剥削阶级的民主都是建立在私有制基础之上的，代表的是剥削阶级的利益；而社会主义的民主是建立在公有制基础之上的，是为广大人民群众服务的。列宁强调，广大人民直接参与国家管理，是无产阶级民主的重要标志；劳动人民的民主监督也是社会主义民主的题中应有之义。列宁领导和组织经济文化相对落后的苏俄、苏联进行社会主义建设，提出了大体按照"文化建设—经济建设—政治建设"的顺序展开社会主义建设的总体构想，其中，文化建设的主要内容是文化革命，经济建设的主要内容是商品经济，政治建设的主要内容是民主政治，并提出了社会主义建设的两个著名的公式，即"共产主义就是苏维埃政权加全国电气化"[①]、"苏维埃政权+普鲁士的铁路管理秩序+美国的技术和托拉斯组织+美国的国民教育……=社会主义"[②]。

近代俄国向西方寻求真理和出路的艰难历程，深刻启迪了具有相同或相似国情的中国先进分子特别是中国共产党人。"一九一七年的俄国革命唤醒了中国人，中国人学得了一样新的东西，

---

① 《列宁选集》第4卷，人民出版社2012年版，第10页。
② 《列宁全集》第34卷，人民出版社1985年版，第520页。

这就是马克思列宁主义。"①1920年，列宁在《共产主义运动中的"左派"幼稚病》一书中指出："在将近半个世纪里，大约从上一世纪40年代至90年代，俄国进步的思想界在空前野蛮和反动的沙皇制度的压迫之下，曾如饥似渴地寻求正确的革命理论，专心致志地、密切地注视着欧美在这方面的每一种'最新成果'。俄国在半个世纪里，经受了前所未闻的痛苦和牺牲，表现了空前未有的革命英雄气概，以难以置信的毅力和舍身忘我的精神去探索、学习和实验，经受了失望，进行了验证，参照了欧洲的经验，真是饱经苦难才找到了马克思主义这个唯一正确的革命理论。"②在这里，列宁清晰地勾勒了俄国人寻找马克思主义以及马克思主义俄国化的发展轨迹。马克思主义在实现了俄国化之后，最终形成了列宁主义的呈现样态，并发展为马克思列宁主义，这是由俄国历史特征、俄国文化传统、俄国现实需求的内在逻辑所决定的。在进行了精心研究和认真比较之后，毛泽东指出："列宁在一九二〇年在《共产主义运动中的'左派'幼稚病》一书中，描写过俄国人寻找革命理论的经过。俄国人曾经在几十个年头内，经历艰难困苦，方才找到了马克思主义。中国有许多事情和十月革命以前的俄国相同，或者近似。封建主义的压迫，这是相同的。经济和文化落后，这是近似的。两个国家都落后，中国则更落后。先进的人们，为了使国家复兴，不惜艰苦奋斗，寻找革命真理，这是相同的。"③正是基于此，毛泽东进一步指出："中国无产阶级的先锋队，在十月革命以后学了马克思列宁主义，建立了中国共产党。接着就进入政治斗争，经过曲折的道路，走

---

① 《毛泽东选集》第4卷，人民出版社1991年版，第1514页。
② 《毛泽东选集》第4卷，人民出版社1991年版，第1481页。
③ 《毛泽东选集》第4卷，人民出版社1991年版，第1469页。

了二十八年,方才取得了基本的胜利。"①正是基于此,中国共产党始终高举着马克思列宁主义的伟大旗帜,并把马克思列宁主义作为自己的行动指南写入党章。

经济和文化更加落后的中国,与其他国家相比,现代化基础更加薄弱、人口规模更加巨大等,是制约中国民主实践进程的主要因素。具体表现为:

第一,近代中国的现代化基础相当薄弱,缺乏民主发展的基础和条件。在半殖民地的、半封建的、分裂的中国,是没有民主可言的,是不可能实现现代化的。20世纪初,在革命派和立宪派的双重压力下,清政府曾进行宪政改革,试图确立现代法治权威理念,构建现代整合型政治结构系统,这是中国政治现代化的最初尝试。宪政的实施,离不开成长的市场经济的推动,离不开成熟的市民社会的依托,但是,当时的中国仍然以封建时代传统的小农经济为主体,根本不存在宪政所需的比较发达的现代商品经济基础。同时,中国也并不具备建立成熟的市民社会的基础。清政府的先天痼疾,决定了中国近代政治改革无法逆转的失败。

党的二大通过的宣言指出:"帝国主义的列强既然在中国政治经济上具有支配的实力,因此中国一切重要的政治经济,没有不是受他们操纵的;又因现尚停留在半原始的家庭农业和手工业的经济基础上面,工业资本主义化的时期还是很远,所以在政治方面还是处于军阀官僚的封建制度把持之下。"②中国共产党领导的新民主主义革命切合中国实际需要,旨在克服旧民主主义革命的弊端。

第二,中国的人口规模与人口素质影响中国民主的进程。从

---

① 《毛泽东选集》第4卷,人民出版社1991年版,第1472页。
② 《中国共产党重要文献汇编(一九二二年)》第2卷,人民出版社2022年版,第223页。

一定程度上讲，国民的素质是民主的支撑。民主的实现，要求公民必须具备一定的文化水平和公民意识，如法治意识、公共精神、妥协意识、容忍精神等。中国既长期处于传统的农业社会，又有着长期的君主制度的历史，专制传统、人治传统浓厚。根据第七次全国人口普查公报（第六号），在全国14亿多人口中，拥有大学（指大专及以上）文化程度的人口为218360767人，约占人口总数的14%。大多数受教育程度不高，法律意识不强，政治判断和认知能力有限，缺乏独立表达自己意志的能力，在政治上很容易被政客、政治精英和权威人物所操纵和控制，导致国家出现权威匮乏、行政不力、秩序动荡、制度供给不足等问题。

从民主推动者的角度着眼，中国共产党清醒提出了如何解决民主化进程中人口规模庞大的问题。习近平总书记强调："大党大国，既是我们办大事、建伟业的优势，也使我们治党治国面对很多独有难题。"①《中共中央关于党的百年奋斗重大成就和历史经验的决议》指出："治理好我们这个世界上最大的政党和人口最多的国家，必须坚持党的全面领导特别是党中央集中统一领导，坚持民主集中制，确保党始终总揽全局、协调各方。"②中国有14亿多人口，政治参与的利益主体多，利益诉求多元，不同地区群体特征不同，容易出现信息不对称、社会利益矛盾增多等难题，必须有针对性地选择适合我们国情的民主形式，处理好个人利益与集体利益、国家利益之间的矛盾，做好有效协商、引导与整合。

第三，农村基层是推进中国现代化、民主化的最艰难的地

---

① 《〈求是〉杂志发表习近平总书记重要文章 在党的十九届七中全会第二次全体会议上的讲话》，《人民日报》2022年12月1日。
② 《中共中央关于党的百年奋斗重大成就和历史经验的决议》，人民出版社2021年版，第65页。

方。将农村基层群众组织起来，是中国现代化、民主化的基本条件和应有之义。进入21世纪以来，基层群众变得更加复杂，他们不仅关心经济效益，还追求政治民主权利。习近平总书记在党的二十大报告中指出："全面建设社会主义现代化国家，最艰巨最繁重的任务仍然在农村。坚持农业农村优先发展，坚持城乡融合发展，畅通城乡要素流动。加快建设农业强国，扎实推动乡村产业、人才、文化、生态、组织振兴。"[①]仅就经济方面而言，在现代化进程中，农村基层民主主体大量流向城镇，农村的空心化问题突出。尤其是在经济落后的农村地区，村民的文化水平不高，法律意识淡薄，传统封建思想观念严重，这些因素深刻影响着农村基层民主选举、民主决策、民主监督等进程。虽然《中华人民共和国村民委员会组织法》规定在经过村民代表会议同意之后，外来人员可以参加居住地村委会的民主选举，但在实际操作过程中，外来人员很难有效参与居住地的村社事务。

中国共产党团结带领中国人民对中国的现代化、民主化之路进行了艰辛探索，通过新民主主义革命实现了民族独立和人民解放，通过社会主义革命建立了社会主义制度，通过改革开放建立了社会主义市场经济制度，走出了具有中国特色的现代化之路、民主之路，打破了"全球化=西方化""西方化=现代化""现代化=市场化"的迷思，提供了现代化的全新选择，展现了世界现代化的光明前景。同样，我们也不能照搬、更没有必要照搬西方政治制度的"飞来峰"。近代以来，从洋务运动到戊戌变法，从君主立宪制到多党制，中国都探索尝试过，都没有成功、都没能救中国于水火。最终，中国共产党带领人民奋斗实践，确立了人民民

---

① 习近平：《高举中国特色社会主义伟大旗帜　为全面建设社会主义现代化国家而团结奋斗——在中国共产党第二十次全国代表大会上的报告》，人民出版社2022年版，第31页。

主专政的国体，确立了人民代表大会制度的政体，确立了中国共产党领导的多党合作和政治协商制度、民族区域自治制度和基层群众自治制度，耦合一体、不断完善，实现了党的领导、人民当家作主、依法治国的有机统一，走出了一条中国特色社会主义政治发展道路。我国政治制度是深刻总结近代以后我国政治生活惨痛教训得出的基本结论，是中国近代历史大浪淘沙的结果，是中国人民翻身作主、掌握自己命运的必然选择。习近平总书记明确指出："在政治制度上，看到别的国家有而我们没有就简单认为有欠缺，要搬过来；或者，看到我们有而别的国家没有就简单认为是多余的，要去除掉。这两种观点都是简单化的、片面的，因而都是不正确的。"①他还指出："设计和发展国家政治制度，必须注重历史和现实、理论和实践、形式和内容的有机统一。要坚持从国情出发、从实际出发，既要把握长期形成的历史传承，又要把握走过的发展道路、积累的政治经验、形成的政治原则，还要把握现实要求、着眼解决现实问题，不能割断历史，不能想象突然就搬来一座政治制度上的'飞来峰'。"②

回顾历史，中国共产党的历史就是为现代化、为民主而不懈奋斗的历史。党的一大提出，依靠工人、农民进行社会革命，由劳动阶级重建国家。党的二大提出，统一中国为真正的民主共和国，建立劳农专政的政治。在土地革命战争时期，中国共产党就把民主思想和实践引入几千年封建专制统治下的农村，建立了中央和各级苏维埃政府，通过民主选举大大推动了这些地区工农民主意识的觉醒和民主素养的提高，从而成为人民民主的有益尝试。抗日战争时期，中国共产党在抗日根据地建立了"三三

---

① 《习近平谈治国理政》第2卷，外文出版社2017年版，第286页。
② 《习近平谈治国理政》第2卷，外文出版社2017年版，第285—286页。

制"①的具有统一战线性质的民主政权,并把陕甘宁边区政府建设成为"民主的模范政府"。在党的七大上,毛泽东就曾指出,中国人民的基本要求是"将中国建设成为一个独立、自由、民主、统一和富强的新中国"②。1956年党的八大明确肯定了党内民主的主张。1957年7月,毛泽东提出要"造成一个又有集中又有民主,又有纪律又有自由,又有统一意志、又有个人心情舒畅、生动活泼,那样一种政治局面"的要求。1964年,第三届全国人民代表大会一次会议正式阐述了"四个现代化"奋斗目标的具体内容,即"要在不太长的历史时期内,把我国建设成为一个具有现代农业、现代工业、现代国防和现代科学技术的社会主义强国"③。

思考、总结推进中国现代化和民主的经验教训,1978年5月,邓小平在谈及"四个现代化"时指出,"实现四个现代化,我们清醒地看到这是一件艰巨的事情,但是能够做到的",在我国现有"物质基础"和"丰富的自然资源"基础上,充分"调动人民的积极性"和"利用世界的先进技术","我们实现四个现代化是有可能的"。但是"我们就是实现了四个现代化,工农业产品的产量和国民收入按人口平均来算,还是比较低的"。④"调动

---

① "三三制",即共产党员、党外进步人士和中间党派的成员在政权中各占三分之一的比例。"三三制"是中国共产党在各抗日根据地政权建设中实行的重要原则。1941年5月1日,中共陕甘宁边区中央局颁布了经中共中央政治局批准的《陕甘宁边区施政纲领》,其中规定了"三三制"的原则,其基本内容是:"本党愿与各党派及一切群众团体进行选举联盟,并在候选名单中确定共产党员只占三分之一,以便各党各派及无党派人士均能参加边区民意机关之活动与边区行政之管理。在共产党员被选为某一行政机关之主管人员时,应保证该机关之职员有三分之二为党外人士充任。共产党员应与这些党外人士实行民主合作,不得一意孤行,把持包办。" "三三制"的成功实践,推动了中国的民主实践,不仅保证了中国抗日战争的胜利,还为后来中国共产党领导的多党合作和政治协商制度的形成积累了重要经验。
② 《毛泽东选集》第3卷,人民出版社1991年版,第1030页。
③ 《建国以来重要文献选编(第十六册)》,中央文献出版社1997年版,第416页。
④ 参见《邓小平文选》第2卷,人民出版社1994年版,第111—112页。

人民的积极性",这表明我们党新时期在民主问题上的新的清醒。

1979年,邓小平在《坚持四项基本原则》的讲话中使用了"中国式的现代化"概念,提出"中国式的现代化,必须从中国的特点出发"①,并提出"没有民主就没有社会主义,就没有社会主义的现代化。当然,民主化和现代化一样,也要一步一步地前进。社会主义愈发展,民主也愈发展。这是确定无疑的"②。由此,民主与现代化有机地联系在一起。

1979年10月,邓小平在中国文学艺术工作者第四次代表大会上的祝词中指出:"我们要在大幅度提高社会生产力的同时,改革和完善社会主义的经济制度和政治制度,发展高度的社会主义民主和完备的社会主义法制。我们要在建设高度物质文明的同时,提高全民族的科学文化水平,发展高尚的丰富多彩的文化生活,建设高度的社会主义精神文明。"③1980年,邓小平在中共中央政治局扩大会议上作的讲话《党和国家领导制度的改革》中又进一步指出:"我们进行社会主义现代化建设,是要在经济上赶上发达的资本主义国家,在政治上创造比资本主义国家的民主更高更切实的民主,并且造就比这些国家更多更优秀的人才。"④

1982年,党的十二大提出:"我们的现代化建设,必须从中国的实际出发。""加紧社会主义现代化建设,争取实现包括台湾在内的祖国统一,反对霸权主义、维护世界和平,是我国人民在八十年代的三大任务。这三大任务中,核心是经济建设,它是解决国际国内问题的基础。""我们一定要兢兢业业地做好自己的工作,加强同全国各族人民的团结,加强同全世界人民的团结,为

---

① 《邓小平同志论坚持四项基本原则反对资产阶级自由化》,人民出版社1989年版,第2页。
② 《邓小平文选》第2卷,人民出版社1994年版,第168页。
③ 《邓小平文选》第2卷,人民出版社1994年版,第208页。
④ 《邓小平文选》第2卷,人民出版社1994年版,第322页。

把我国建设成为现代化的，高度文明、高度民主的社会主义国家，为反对霸权主义，维护世界和平，推进人类进步事业，而努力奋斗。"①在党的十二大报告中，"文明""民主"首次成为社会主义现代化国家的发展目标和重要内容。

1987年党的十三大召开前夕，邓小平明确了民主法制化、制度化的思想。"我们的民主同法制是相关联的"，"要讲社会主义的民主，也要讲社会主义的法制"。②他提出了"三步走"战略，其中，"第三步"是，到21世纪中叶，人均国民生产总值达到中等发达国家水平，人民生活比较富裕，基本实现现代化。这里的现代化，主要是指经济的现代化。此时，虽然我们党提出发展民主政治和加强文化建设等思想，但还没有将其置于现代化目标系统的应有位置。

党的十三大报告对民主有很多新表述、新突破，诸如关于"必须以安定团结为前提，努力建设民主政治"③的表述；"关于政治体制改革"的第五部分则专门论述了"建立社会协商对话制度"，指出，其"基本原则，是发扬'从群众中来、到群众中去'的优良传统，提高领导机关活动的开放程度，重大情况让人民知道，重大问题经人民讨论"，"必须使社会协商对话形成制度，及时地、畅通地、准确地做到下情上达，上情下达，彼此沟通，互相理解"，"要进一步发挥现有协商对话渠道的作用，注意开辟新的渠道。要通过各种现代化的新闻和宣传工具，增加对政务和党务活动的报道，发挥舆论监督的作用，支持群众批评工作中的缺点错误，反对官僚主义，同各种不正之风作斗争"。④

---

① 《十二大以来重要文献选编（上）》，人民出版社1986年版，第3—5页。
② 《邓小平文选》第3卷，人民出版社1994年版，第244—245页。
③ 《十三大以来重要文献选编（上）》，人民出版社1991年版，第14页。
④ 《十三大以来重要文献选编（上）》，人民出版社1991年版，第43页。

很重要的是，党的十三大报告把"富强民主文明"确定为我国社会主义现代化建设的奋斗目标，并作为党在社会主义初级阶段的基本路线的重要内容。"领导和团结全国各族人民，以经济建设为中心，坚持四项基本原则，坚持改革开放，自力更生，艰苦创业，为把我国建设成为富强、民主、文明的社会主义现代化国家而奋斗。"[①]中国现代化的目标由农业、工业、国防和科学技术的四个现代化，变成了富强、民主、文明"三位一体"的现代化，民主在中国现代化进程中居于重要位置。1992年10月，党的十四大重申了这条基本路线，并将它正式载入《中国共产党章程》。

党的十五大第一次明确提出，要在现代化建设中实施可持续发展战略，正确处理经济同人口、资源和环境的关系，社会各方面相互配合，实现经济发展和社会全面进步。党的十六届六中全会第一次明确把建设"富强民主文明和谐的社会主义现代化国家"作为中国特色社会主义的奋斗目标。2007年，党的十七大通过的党章把"和谐"与"富强、民主、文明"一起写入了社会主义初级阶段基本路线，形成"四位一体"的总体布局。

党的十八大指出，党的基本路线是党和国家的生命线，必须坚持把以经济建设为中心同四项基本原则、改革开放这两个基本点统一于中国特色社会主义伟大实践，既不妄自菲薄，也不妄自尊大，扎扎实实夺取中国特色社会主义的新胜利。

党的十九大提出，中国特色社会主义进入新时代，我国社会的主要矛盾已经转化为人民日益增长的美好生活需要和不平衡不充分的发展之间的矛盾。党的十九大通过的党章把"美丽"与"富强、民主、文明、和谐"一起写入党在社会主义初级阶段基

[①] 《十三大以来重要文献汇编（上）》，人民出版社1991年版，第2页。

本路线的内容之中。"富强""民主""文明""和谐""美丽"分别是经济领域、政治领域、文化领域、社会领域、生态环境领域的目标和要求,这样建设社会主义现代化国家的目标就扩展为"富强""民主""文明""和谐""美丽"五个方面。这一重要政治论断,更加体现了中国的现代化是全面发展的现代化,与基本纲领五个方面的建设相对应,与"五位一体"总体布局相吻合。

党的二十大明确提出了"把我国建成富强民主文明和谐美丽的社会主义现代化强国"的战略目标。2022年,习近平总书记在党的二十大报告中指出:"大会的主题是:高举中国特色社会主义伟大旗帜,全面贯彻新时代中国特色社会主义思想,弘扬伟大建党精神,自信自强、守正创新,踔厉奋发、勇毅前行,为全面建设社会主义现代化国家、全面推进中华民族伟大复兴而团结奋斗。"①

恩格斯曾指出:"一个知道自己的目的,也知道怎样达到这个目的的政党,一个真正想达到这个目的并且具有达到这个目的所必不可缺的顽强精神的政党——这样的政党将是不可战胜的。特别是在当前这样的情况下,如果它的一切要求都符合本国经济发展的需要,而且正是这种经济发展的政治表现的话,那就更是如此。"②列宁也曾指出:"只有当群众知道一切,能判断一切,并自觉地从事一切的时候,国家才有力量"③,社会主义才能实现。中国共产党就是这样的马克思主义政党,中国人民就是这样的人民。葆有这样的战略自信和战略清醒、这样的历史主动和历史自信,中国共产党一定能够团结带领全国各族人民在新征程上

---

① 习近平:《高举中国特色社会主义伟大旗帜 为全面建设社会主义现代化国家而团结奋斗——在中国共产党第二十次全国代表大会上的报告》,人民出版社2022年版,第1页。
② 《马克思恩格斯全集》第39卷,人民出版社1974年版,第139页。
③ 《列宁选集》第3卷,人民出版社2012年版,第347页。

创造新的历史伟业。

三、中国特色社会主义民主政治建设是社会主义现代化强国建设的重要路径

坚持和发展中国特色社会主义,是改革开放以来党的全部理论和实践的主题。党的十八大报告指出:"建设中国特色社会主义,总依据是社会主义初级阶段,总布局是五位一体,总任务是实现社会主义现代化和中华民族伟大复兴。"①这一重要论断,为中国特色社会主义的全面进步与继续发展指明了奋斗方向、明确了努力目标、规划了整体布局、规定了基本任务,具有重要意义。

1986年,党的十二届六中全会第一次明确提出"总体布局"这一概念。全会通过的《中共中央关于社会主义精神文明建设指导方针的决议》指出,"我国社会主义现代化建设的总体布局是:以经济建设为中心,坚定不移地进行经济体制改革,坚定不移地进行政治体制改革,坚定不移地加强精神文明建设,并且使这几个方面互相配合、互相促进"②。"总体布局"的命题,正确地反映了社会主义现代化建设中的系统观念。

中国迈向现代化,不只是追求经济发展,而是以人民为中心的现代化,是追求物质文明、政治文明、精神文明、社会文明、生态文明全面协调发展的现代化。党的十八大报告指出,建设中国特色社会主义的总布局,是经济建设、政治建设、文化建设、

---

① 胡锦涛:《坚定不移沿着中国特色社会主义道路前进 为全面建成小康社会而奋斗——在中国共产党第十八次全国代表大会上的报告》,人民出版社2012年版,第13页。
② 《十二大以来重要文献选编(下)》,中央文献出版社2011年版,第121页。

社会建设、生态文明建设"五位一体"。"五位一体"总布局，标志着我国社会主义现代化建设进入新的历史阶段，体现了我们党对于中国特色社会主义的认识达到了新境界。党的十九大把中国特色社会主义事业"五位一体"总体布局、"四个全面"战略布局作为习近平新时代中国特色社会主义思想的重要内容。

在"五位一体"总体布局中，经济建设、政治建设、文化建设、社会建设、生态文明建设之间是相互联系、相互促进、互为条件、不可分割的，是一个有机统一体。

政治主要体现为社会成员围绕权力和权利所展开的种种活动及现象。政治建设属于上层建筑。在"五位一体"总体布局中，政治建设具有重要的战略地位和不可替代的作用，它对经济建设具有保证方向、凝聚力量、促进发展的作用，对文化建设、社会建设和生态文明建设具有政治引领和政治约束的作用，为中国特色社会主义的发展提供正确的政治方向、良好的政治环境和可靠的制度保障。政治建设的旨归，是建设民主的社会主义现代化强国。

民主是发展社会主义市场经济的制度保证。经济高质量发展，政治建设必须与之同步，因为经济发展过程中必然带来利益主体和诉求的多元化，这就需要以民主的方式来有序表达利益诉求、进行利益整合，将国家利益与个人利益、目前利益与长远利益结合起来，既能给人民带来民生实惠，又能有效保证社会的稳定统一。如果政治建设发展滞后，那么经济结构和社会结构就不能得到根本保障。社会主义民主政治在经济发展建设过程中不断完善，社会主义民主政治建设的成果也反过来促进经济的发展。

民主是文化强国的需要。当今中国社会，价值观日益多元化，东西方文化、传统文化与现代文化交融激荡，这为我国的发展注入了活力，同时也带来了复杂的矛盾和问题。中国特色社会主义政治建设，必须同资产阶级民主划清界限，反对和抵制"西化"，防止西方敌对势力对我国的渗透和破坏；同时还必须同极端民主化和无政府主义划清界限。只有加快社会主义民主政治建设，才能确保文化建设坚持正确的政治方向，为深化文化体制改革提供政治保障，为现代文化市场体系和公共文化服务体系建设提供制度支持，为提高文化开放水平和维护国家文化安全提供政治保证。

民主保障社会稳定。政治建设是化解社会矛盾，维护社会稳定，最大限度防止和减少不和谐因素的最佳途径。当前，全面深化改革过程中出现了新的冲突与矛盾，民主旨在保证人民充分行使广泛的政治经济文化权利，督促各级领导干部倾听人民的意见和建议，保证政治决策的科学性和民主性，确保政策和法律的贯彻执行，以及社会和谐有序运行。只有不断推进中国特色社会主义政治建设，才能巩固和发展和谐稳定的社会政治环境，保证社会主义社会的稳定。

民主促进生态文明建设。生态文明建设是一个综合性问题，涉及政府各部门和社会各领域，需要统筹协调多个部门和利益主体，特别需要各领域、各部门和各地区将环境保护作为重要的决策依据。生态文明建设与政治建设息息相关，只有把生态文明建设纳入中国特色社会主义民主政治建设全过程，纳入国家治理全过程，加强党在生态文明建设中的核心领导作用，强化党在生态文明建设中的科学决策作用，加强党对生态文明建设重大决策的执行和监督考核力度，形成全社会积极参与生态文明建设的局面，才能真正推进我国的生态文明建设。

总之，党的十八大以来，以习近平同志为核心的党中央坚持和发展马克思主义政治观，提出的一系列政治建设新理念新思想新战略，构成了习近平新时代中国特色社会主义思想的重要内容。

第一，中国特色社会主义政治建设，集中强调"民心是最大的政治"。"中国特色社会主义进入新时代，我国社会主要矛盾已经转化为人民日益增长的美好生活需要和不平衡不充分的发展之间的矛盾"①。人民不仅在物质文化生活方面提出了更高要求，而且对民主、法治、公平、正义等政治方面的要求日益增长。

第二，中国特色社会主义政治建设，突出强调要坚定不移走中国特色社会主义政治发展道路，这是政治建设的主题，关系到当代中国在政治上举什么旗、朝着什么方向、走什么路，坚持和完善什么政治制度的重大问题。党的十八大以来，习近平总书记反复强调，政治道路问题是关系党和国家事业兴衰成败的重大问题。坚定不移走中国特色社会主义政治发展道路，就必须深刻领悟"坚持党的领导、人民当家作主、依法治国有机统一是社会主义政治发展的必然要求"②。

第三，中国特色社会主义政治建设，强调全面实现国家治理体系和治理能力现代化。把我国全面建成"富强民主文明和谐美丽"的社会主义现代化强国，这是对国家总体奋斗目标的概括，其中也内含了政治发展的目标。社会主义现代化强国具有五个重要特征，其中"民主"指明了社会主义现代化强国这一奋斗目标的政治特征。

第四，中国特色社会主义政治建设，强调"两个布局"相辅

---

① 习近平：《坚持和完善中国特色社会主义制度 推进国家治理体系和治理能力现代化》，《求是》2020年第1期。
② 习近平：《决胜全面建成小康社会 夺取新时代中国特色社会主义伟大胜利——在中国共产党第十九次全国代表大会上的报告》，人民出版社2017年版，第22页。

相成、相得益彰。"两个布局",一是"五位一体"总体布局,二是"四个全面"战略布局。中国特色社会主义是全面发展的社会主义。在"五位一体"总体布局中,经济建设是根本,文化建设是灵魂,社会建设是条件,生态文明建设是基础,而政治建设是保障。在"四个全面"中,全面建设社会主义现代化国家是目标,也包含了政治建设的目标;全面深化改革、全面依法治国、全面从严治党是举措,也包含了政治建设的举措。推进新时代中国特色社会主义政治建设具有重要功能,这是统筹推进"五位一体"总体布局和协调推进"四个全面"战略布局的重要内容和根本保证。

第五,中国特色社会主义政治建设,强调坚持和完善中国特色社会主义政治制度体系。政治文明主要包括政治意识文明、政治制度文明和政治行为文明等基本方面,其中政治制度是政治文明的核心。这里的政治制度是民主的政治制度,主要是"坚持和完善人民当家作主制度体系,发展社会主义民主政治"①,包括坚持和完善人民代表大会制度这一根本政治制度,坚持和完善中国共产党领导的多党合作和政治协商制度、民族区域自治制度、基层群众自治制度的基本政治制度,加快制定适应人民政治需要和政治参与的重要政治制度,丰富民主形式,拓宽民主渠道,更加有效地落实人民群众的知情权、参与权、表达权和监督权,最大程度地凝聚中国力量,同时让每个社会成员共同享有"人生出彩""梦想成真"和"成长进步"的发展机会,促进人的自由全面发展和社会的全面进步。

第六,中国特色社会主义政治建设,强调坚持和完善独立自

---

① 《中共中央关于坚持和完善中国特色社会主义制度 推进国家治理体系和治理能力现代化若干重大问题的决定》,人民日报2019年11月6日。

主的和平外交政策，推动构建人类命运共同体。坚持正确的义利观，推动"建设相互尊重、公平正义、合作共赢的新型国际关系"①。秉持人类命运共同体的理念，弘扬和平、发展、公平、正义、民主、自由的全人类共同价值。中国共产党团结带领中国人民所要建设的，是综合国力和国际影响力领先的社会主义现代化强国。

第七，中国特色社会主义政治建设，强调中国共产党的政治领导及全面领导和全面从严治党。推进中国特色社会主义政治建设，关键在党，关键在人。现代政治表明，民主与政党紧密相连。当今世界，政党在大多数国家的政治舞台上都是最基本、最重要的力量，是国家与社会之间政治性和组织性的联系机制，在民主政治中扮演着不可或缺的角色，发挥着重要作用。没有政党，政治过程就缺失了关键组织者，民主政治就成为不可想象之事。中国的全过程人民民主，来自人类社会深厚的民主基因，来自中华民族悠久的民主传统，来自中国共产党百余年来对民主认知的不断深化、科学合理的民主制度安排、丰富生动的民主实践。概言之，要以党的政治建设统领党的建设，以加强党的建设引领国家治理现代化建设、引领中国特色社会主义政治建设。正如列宁所指出的："党是阶级的先锋队；它的任务决不是反映群众的一般水平，而是带领群众前进。"②

---

① 习近平：《决胜全面建成小康社会 夺取新时代中国特色社会主义伟大胜利——在中国共产党第十九次全国代表大会上的报告》，人民出版社2017年版，第58页。
② 《列宁全集》第33卷，人民出版社1992年版，第88页。

第二章

全过程人民民主是中国共产党的政治创举

全过程人民民主是新型的民主，是与社会生产发展相适应的社会政治价值规范和制度安排，彰显了社会主义国家性质和人民主体地位；推动了民主观从程序民主到实质民主的转型，是民主内容与民主形式的有机统一体。习近平总书记在党的二十大报告中强调："全过程人民民主是社会主义民主政治的本质属性，是最广泛、最真实、最管用的民主。"①全过程人民民主，是使人民当家作主更好体现在国家政治生活和社会生活中的人类政治文明新形态，是新时代中国共产党人团结带领人民追求民主、发展民主、实现民主的伟大创造，是党不断推进中国民主理论创新、制度创新、实践创新的经验结晶。

一、民主是跳出治乱兴衰历史周期率的第一个答案

中国共产党百余年的历史，是一部团结带领人民追求、探索、形成、发展人民民主的奋斗史。中国共产党从诞生之日起，就把为中国人民谋幸福、为中华民族谋复兴作为自己的初心使命，为实现人民当家作主进行了不懈探索奋斗，形成了具有中国特色的民主发展道路。

新民主主义革命时期，中国共产党一方面领导中国人民进行革命，一方面在革命过程中探索人民民主的多种实践形式。土地革命时期，党带领人民建立了工农苏维埃政权，实现局部执政，使劳动人民在中国历史上首次成为政权的主人。1931年中华苏维

---

① 习近平：《高举中国特色社会主义伟大旗帜　为全面建设社会主义现代化国家而团结奋斗——在中国共产党第二十次全国代表大会上的报告》，人民出版社2022年版，第37页。

埃第一次全国代表大会通过的《中华苏维埃共和国宪法大纲》中就明确提出要建立新民主主义国家，由人民行使管理国家的一切权力。党的基本纲领规定：中国苏维埃政权所建设的是工人和农民的民主专政的国家；苏维埃全政权是属于工人、农民、红军士兵及一切劳苦民众的。中华苏维埃共和国是中国历史上第一个全国性的工农民主政权。从1931年11月到1934年1月，中央革命根据地进行三次民主选举，许多地方参加选举的人占选民总人数的80%以上。其他根据地也相继召开了各级工农兵代表大会，选举产生了各级苏维埃政府。全民族抗日战争时期，毛泽东在《新民主主义论》中对建立人民民主制度进行了理论探索。党团结和领导人民在根据地、解放区初步实践人民民主，探索人民民主的新道路。制定实施了《陕甘宁边区施政纲领》，将人民民主这一主线贯穿"三三制"政权建设、人权保障、边区经济、民众组织、官兵关系、军民关系、边区教育、党内民主、廉政建设等各个领域，民主思想在边区逐步深入民心。解放战争时期，毛泽东等中央领导同志深入思考人民民主专政的涵义，创造性设计新民主主义的国家政权建设。新民主主义革命的胜利也是人民民主的胜利，实现了中国从几千年封建专制政治向人民民主的伟大飞跃，为发展全过程人民民主奠定了政治条件和社会条件。

新民主主义革命时期，中国共产党在实践上推进人民民主的同时，还在理论上丰富了马克思主义民主思想。抗日战争胜利前夕，毛泽东与黄炎培之间留下了著名的"窑洞对"，也是"民主对"，成为中国共产党民主发展史上的佳话。

1945年7月1日，黄炎培、冷遹、褚辅成、章伯钧、左舜生、傅斯年等六位国民政府参政员，应中共中央和毛泽东的邀请，为推动国共团结商谈，飞赴延安访问。在这次访问中，毛泽东与黄炎培进行了一次长谈，内容涉及黄炎培对延安生活的感受，毛泽东对民主问题的看法等。这些内容在黄炎培的《延安归来》一书中有生动而详细的记录。

黄炎培与毛泽东的这段对话，又称"延安对"，被后人引用为关于政权建设的经典对谈。这也是中国共产党人给出的跳出兴勃亡忽、治乱兴衰历史周期率的第一个答案。这个答案对夺取和巩固政权、促进党和国家事业发展起到了十分重要的作用。毛泽东进北京后，住在京西香山的双清别墅。第一个被邀请到香山别墅做客的党外人士就是黄炎培。

毛泽东给出这第一个答案不是偶然的。在此前的1944年，毛泽东对民主就有着清晰、深刻的认识，指出："民主必须是各方面的，是政治上的、军事上的、经济上的、文化上的、党务上的以及国际关系上的，一切这些，都需要民主。毫无疑问，无论什么都需要统一，都必须统一。但是，这个统一，应该建筑在民主基础上。"①

1949年中华人民共和国成立之前，中国共产党在自己局部执政的各解放区政权建设中提出"民主政治，选举第一"的口号。当时的民主选举，具有几个特点：一是普选，年满十八岁的人都有选举权与被选举权；二是竞选，也就是差额选举；三是创新投票方法，如"投豆选举"等。传统的举手表决方法可能影响公正，票选的问题在于人们或因住处离会场比较远而不一定来投票、或因不识字无法投票。1948年9月，毛泽东在谈到即将建立的新中国的国家性质时说："我们是人民民主专政，各级政府都要加上'人民'二字，各种政权机关都要加上'人民'二字，如法院叫人民法院，军队叫人民解放军，以示和蒋介石政权不同。"

---

① 《毛泽东文集》第3卷，人民出版社1996年版，第169—170页。

1949年6月30日,毛泽东在《论人民民主专政》中再次指出:"人民的国家是保护人民的。有了人民的国家,人民才有可能在全国范围内和全体规模上,用民主的方法,教育自己和改造自己,使自己脱离内外反动派的影响……向着社会主义和共产主义社会前进。"①1949年11月20日至22日,北京市第二届各界人民代表会议召开,有一位年逾80岁的代表说:"我们老百姓能够选出政府来,替我们自己办事,这是我们中国老百姓100多年来奋斗牺牲流血所要争取的目标,这个目标在辛亥革命没有达到,在北伐战争没有达到,在抗日战争也没有达到,现在达到了!"②

1949年9月29日,中国人民政治协商会议第一届全体会议制定并通过的《中国人民政治协商会议共同纲领》指出:"中华人民共和国的国家政权属于人民。人民行使国家政权的机关为各级人民代表大会和各级人民政府。各级人民代表大会由人民用普选方法产生之。"③《共同纲领》确定的重要政治制度,是把民主的愿望变为现实的根本途径。

在整个新民主主义革命时期,中国共产党领导人民为争取民主、反抗压迫和剥削进行了艰苦卓绝的斗争,取得了新民主主义革命胜利,建立了新中国。实现了中国从几千年封建专制政治向人民民主的伟大飞跃,人民当家作主从梦想变为现实。新中国的成立,标志着劳动人民成为国家和社会的主人,成为自己命运的主人。中国人民从此站起来了,中国民主发展进入新纪元,为形成全过程人民民主奠定了根本性前提和基础。

新中国成立后,中国共产党领导全国人民向着民主化的目标不断迈进,制定颁布了新中国第一部宪法,确立了人民代表大会

---

① 《毛泽东选集》第4卷,人民出版社1991年版,第1476页。
② 《潘龄皋致闭幕词》,《人民日报》1949年11月23日。
③ 《建国以来重要文献选编(第四册)》,中央文献出版社1993年版,第15页。

制度、中国共产党领导的多党合作和政治协商制度、民族区域自治制度，人民当家作主的政治架构、经济基础、法律原则、制度框架基本确立并不断发展，中国的民主第一次实现了从民主观念到现实制度建设的蜕变，人民民主的大厦巍然高耸。

改革开放和社会主义现代化建设新时期，中国共产党总结社会主义民主建设正反两方面的经验，大力发展社会主义民主政治，推进社会主义民主政治制度化、法治化、规范化、程序化，开辟了中国特色社会主义政治制度化发展的道路。20世纪70年代末至80年代初，党和国家对民主制度化、法治化达成了共识。但是，随着市场经济的发展，社会经济成分、组织形式和利益关系等出现了多元化，使得政权稳定的重要性变得更加突出。在国家稳定的前提下发展民主，在发展经济的基础上逐步扩大民主，一步步实现稳定、增长、民主的协调发展，这是减少风险、代价最小的民主化策略。20世纪80年代末，为了应对西方资产阶级民主思潮的冲击，《中共中央关于坚持和完善中国共产党领导的多党合作和政治协商制度的意见》颁布，标志着政治协商的形式制度化的开始。1993年，第八届全国人民代表大会第一次会议通过的宪法修正案将中国共产党领导的多党合作和政治协商制度写入宪法。

改革开放以来，党领导人民坚持中国特色社会主义道路，发展社会主义民主，人民的民主权利不断扩大，国家的民主制度不断完善。国家相继制定修改了宪法、人大组织法、选举法等一系列重要法律，在法规制度层面对人民代表大会制度、中国共产党领导下的多党合作和政治协商制度进行健全完善。基层群众自治制度被写进宪法，成为基层直接民主的真实体现。党的十五大提出，继续推进政治体制改革，进一步扩大社会主义民主，健全社会主义法制，依法治国，建设社会主义法治国家。党的十六届三中全会提出，要坚持以人为本，树立全面、协调、可持续的发展观，促进经济社会和人的全面发展。党的十六届六中全会再次强调，要科学执政、民主执政、依法执政，尊重和保障人权。党的十七大报告中明确指出，人民当家作主是社会主义民主政治的本质和核心。民主、法治、人权，充分体现了社会主义民主政治的基本价值观，也表明党领导的社会主义民主政治建设进入了新境界。在改革开放和社会主义现代化建设新时期，我国实现了从生产力相对落后的状况到经济总量跃居世界第二的历史性突破，推进了中华民族从站起来到富起来的伟大飞跃，为发展全过程人民民主提供了体制保障和物质条件。

党的十八大以来，中国特色社会主义进入新时代，以习近平同志为核心的党中央不断深化对社会主义民主政治发展规律的认识，深刻凝练了历经百年探索的人民民主实践经验总结和理论概括，提出"全过程人民民主"这一重大理念，以中国共产党的领导为根本政治保证，坚持以人民为中心的发展思想，以人民代表大会制度为重要途径和最高实现形式，健全人民当家作主的制度体系，走出了一条属于中国人民的民主道路。"全过程人民民主"理念胸怀两个大局，站稳人民立场，笃信"江山就是人民、人民就是江山"，尊重人民的首创精神，极大丰富了人民民主的内涵和外延。以推进选举民主为出发点，大力推进协商民主广泛多层制度化发展，不断丰富和发展社会主义民主形式，通过一系列法律和制度安排，将民主选举、民主协商、民主决策、民主管理、民主监督各环节贯通起来，形成了民主链条的完整闭环，贯穿于建立健全维护党中央权威和集中统一领导制度，完善党内民主制度，坚持和完善人民代表大会制度、政治协商会议制度、新型政党制度、党政军群职能体系、基层民主制度、民族区域自治制度、宗教工作、大统战工作格局、群团工作改革、人权事业发展等各个方面。将过程民主和结果民主、形式民主和实质民主、直接民主和间接民主、人民民主和国家意志统一起来，充分保障人民的知情权、参与权、表达权、监督权，形成全过程人民民主的完整架构。全过程人民民主丰富和拓展了中国特色社会主义民主政治的政治内涵、理论内涵、实践内涵，对人民、民主、人民民主的认识更加真切、更加深刻，人民民主实践的路径更加清晰、更加宽阔，为发展社会主义政治文明指明了前进方向。

2012年12月，习近平总书记走访8个民主党派中央和全国工商联时提到，当年毛泽东和黄炎培在延安窑洞里关于历史周期率的一段对话，至今对中国共产党都是很好的鞭策和警示。2018年初，习近平总书记指出："马克思主义政党夺取政权不容易，巩固政权更不容易；只要马克思主义执政党不出问题，社会主义国家就出不了大问题，我们就能够跳出'其兴也勃焉，其亡也忽焉'的历史周期率。"①随后，习近平总书记在党的十九届六中全会上的重要讲话中提出，党的自我革命是我们党为跳出历史周期率给出的第二个答案。党的二十大报告重申，经过不懈努力，党找到了自我革命这一跳出治乱兴衰历史周期率的第二个答案。

二、全过程人民民主的深刻内涵

全过程人民民主，构建起覆盖960多万平方公里土地、14亿多中国人民、56个民族的民主体系，实现了最广大人民的广泛持

---

① 习近平：《推进党的建设新的伟大工程要一以贯之》，《求是》2019年第19期。

续参与，充分彰显了社会主义国家性质，充分彰显了人民主体地位，使人民意志得到更好体现、人民权益得到更好保障、人民创造活力得到进一步激发。

（一）关于"人民"

在不同的国家和各个国家的不同历史时期，"人民"有着不同的概念、范畴和标识，有着不同的定义、内容和意涵，但它总是由占人口的绝大多数所构成的。在历史的中国和当代的中国，人民就是指最广大的生产者、劳动者，是中华民族的最大多数，是中华文明的创造者。在世界政党政治中，没有任何一个政党像中国共产党这样，对"人民"的涵义有如此清晰而深刻的认知，高度重视蕴藏在全国广大乡村、城镇基层中民众的力量源泉，并且能够把一盘散沙的中国汇聚成一个强大的整体。

在马克思主义的语境中，人民既是一个政治性概念、社会性概念，又是一个历史性概念。人民的范畴具有全新的内涵，有着自己独具的特点、质的规定性，又具有量的规定性。其一，"人民"反映一定社会的政治关系。在阶级社会中，它包括一切推动社会历史前进的阶级、阶层和社会集团。列宁认为："马克思在使用'人民'一语时，并没有用它来抹杀各个阶级之间的差别，而是用它来概括那些能够把革命进行到底的一定的成分。"其二，"人民"不仅改造客观世界，是物质财富的创造者；而且也改造主观世界，是精神财富的创造者。毛泽东指出："人民，只有人民，才是创造世界历史的动力。"① 但是，人民的主体，始终是从

---

① 《中国人民政治协商会议第八届全国委员会第四次会议文件》，人民出版社1996年版，第54页。

事物质资料生产的广大劳动群众。其三,"人民"是一个集合概念,它指的是众多人组成的集合体。

从历史的大视野、长视野来看,勤劳勇敢的中国人民是中华民族生生不息、发展壮大的脊梁。波澜壮阔的中华民族发展史是中国人民书写的,博大精深的中华文明是中国人民创造的,历久弥新的中华民族精神是中国人民培育的,中华民族迎来从站起来、富起来到强起来的伟大飞跃是中国人民奋斗出来的,人民是我们坚定中国特色社会主义道路自信、理论自信、制度自信、文化自信的底气,人民也是我们风雨无阻、高歌行进的根本力量。我们党就是从这样的人民群众中来的,党的根基在人民群众、血脉在人民群众。在新民主主义革命时期,我们党就深刻地认识到:"人民是什么?在中国,在现阶段,是工人阶级,农民阶级,城市小资产阶级和民族资产阶级。这些阶级在工人阶级和共产党的领导之下,团结起来,组成自己的国家,选举自己的政府,向着帝国主义的走狗即地主阶级和官僚资产阶级以及代表这些阶级的国民党反动派及其帮凶们实行专政,实行独裁,压迫这些人,只许他们规规矩矩,不许他们乱说乱动。如要乱说乱动,立即取缔,予以制裁。"[1]马克思、恩格斯曾指出:"历史活动是群众的事业,随着历史活动的深入,必将是群众队伍的扩大。"[2]正是在这个意义上,为人民谋幸福成为共产党的使命、全心全意为人民服务成为共产党的宗旨。100多年的历史和实践证明,世界上没有任何一个政党像中国共产党这样,不是从个人或小集团的利益出发,而是始终代表中国最广大人民的根本利益。自成立之日起,中国共产党就在自己的旗帜上鲜明地写上全心全意为人民服

---

[1]《毛泽东选集》第4卷,人民出版社1991年版,第1475页。
[2]《列宁全集》第33卷,人民出版社1985年版,第194页。

务的根本宗旨，并且生动地把人民比喻为"铜墙铁壁""眼睛"和"上帝"，把党和人民关系比喻为"鱼和水""瓜和秧""血和肉""种子和土地"的关系。中国共产党把人民和政权的关系比喻为"人民就是江山、江山就是人民"，把各级各类政权机构冠之以"人民"。"人民万岁"，"我是中国人民的儿子，我深情地爱着我的祖国和人民"，"实现好、维护好、发展好最广大人民根本利益"，"权为民所用、情为民所系、利为民所谋"，"把人民放在心中最高位置"，"我将无我，不负人民"，铸成了永恒的格言和经典。作为马克思主义政党，我们党有强大的真理力量，也有强大的人格力量。真理力量集中体现为我们党的正确理论，人格力量集中体现为我们党的人民立场。全心全意为人民服务，始终是我们党的事业兴旺发达的力量源泉。人民、只有人民，才是创造历史世界的动力，无论过去、现在和将来，这都是一条颠扑不破的真理。

在当代中国，执政的中国共产党是中国工人阶级的先锋队，同时是中国人民和中华民族的先锋队，是中国特色社会主义事业的领导核心。中国共产党的根本政治立场是人民立场，根本政治使命是为人民谋幸福，根本政治宗旨是全心全意为人民服务，根本政治目标是人民对美好生活的向往。中国人民的范围包括全体社会主义劳动者、社会主义事业的建设者、拥护社会主义的爱国者、拥护祖国统一和致力于中华民族伟大复兴的爱国者。这是新时代"人民"的范畴。在庆祝中国共产党成立100周年大会上的讲话中，习近平总书记指出："中国共产党根基在人民、血脉在人民、力量在人民。中国共产党始终代表最广大人民根本利益，与人民休戚与共、生死相依，没有任何自己特殊的利益，从来不代表任何利益集团、任何权势团体、任何特权阶层的利益。"①"我们国家的名称，我们各级国家机关的名称，都冠以'人民'的称号，这是我们对中国社会主义政权的基本定位。"②

无论什么样的国家、实行什么样的社会制度，处于什么样的社会发展阶段，人民总是以主体性力量推动历史发展和社会进步，不断创造出人类文明丰富成果。全过程人民民主，坚持以人民为中心，坚持人民至上，把全体人民都纳入进来。它的具体要求是：其一，"一切为了人民"，始终把实现最广大人民根本利益作为民主政治建设的出发点和落脚点。其二，"一切依靠人民"，是全体人民都能参与的一种民主形态。2014年9月21日，习近平总书记在庆祝中国人民政治协商会议成立65周年大会上的讲话中指出："在中国社会主义制度下，有事好商量、众人的事情由众人商量，找到全社会意愿和要求的最大公约数，是人民民主的真谛。"③这一重要论断真是切中肯綮。

（二）关于"民主"

民主的本意是要求实行多数人的统治。但是，欧洲早期的思想家如苏格拉底、柏拉图、亚里士多德等也都批判过雅典的民主制度，认为民众缺乏智慧，容易受人煽动，造成政治混乱；民主制赋予了广大素质较低的民众过大的、不相称的权利，造成对其他阶层的侵犯等。④他们已经关注到民主对人民素质的较高要求。不过，这些民主思想未得以延续。古罗马人信奉契约精神，民主

---

① 《习近平谈治国理政》第4卷，外文出版社2022年版，第9页。
② 习近平：《论坚持人民当家作主》，中央文献出版社2021年版，第79页。
③ 《习近平谈治国理政》第2卷，外文出版社2017年版，第292页。
④ 杨光斌：《观念的民主与实践的民主：比较历史视野下的民主与国家治理》，中国社会科学出版社2015年版，第23页。

共和的思想深入人心,他们喜欢参政议政,喜欢参加政治活动。此后,欧洲陷于千年的专制统治中,民主被淹没。

直到19世纪,由于市场经济的发展、社会等级观念的淡化以及公民选举权的扩大,民主才在西方一些国家实现了从观念向制度、从理论向实践的转化。1848年至1849年,法国、德意志、奥地利、意大利、匈牙利相继爆发资产阶级民族民主革命,精英阶层意识到来自广大民众的民主潮流难以阻挡。马克思主义和马克思主义指导下的国际工人运动作出的最重要贡献,就是将民主再次由保护少数人财产权的工具变成实现多数人平等权的工具,实现了精英民主向大众民主的转变。①

在共产党执政的社会主义国家,民主的核心内容是如何保证人民的权利真切实现、如何保障国家的权力健康运行,民主必然要体现为两个层面。第一个层面,人民决定国家制度;第二个层面,人民掌握国家权力、参与国家事务管理的制度形式。

新时代,全过程人民民主的核心内容,是真实有效的民主。真实性,主要是指整个民主过程由人民亲身参与,有真实的现场体验感,体现在民主制度的执行上。有效性,是指结果的管用性。有效管用,是指全过程人民民主具有坚持国家政权、巩固国家政权的民意基础、群众基础,具有增强党的全面领导和长期执政的合法性、正当性,具有吸纳民智、体现民意、代表民利、开发民力的积极作用。归根到底,就是民主能够切切实实地解决人民群众实际生活中遇到的问题,民主的成果能够被全体人民共享,而不是成为少数人的私产。人民所抱有的民主参与的期望能够在参与的实践中得以实现,有可持续的获得感。

---

① 杨光斌:《观念的民主与实践的民主:比较历史视野下的民主与国家治理》,中国社会科学出版社2015年版,第25页。

(三) 关于"人民民主"

人民民主的一个重要特性，是它广泛的人民性，即民主共和的特质。它体现了包括工人、农民、知识分子等在内的广大劳动者这一最大政治包容性，凸显了"以人民为中心"的国家性质。早在1939年5月，毛泽东在延安青年群众五四运动20周年纪念会上所作的《青年运动的方向》的讲演中，就提出"建立一个人民民主共和国"和"建立人民民主主义制度"的设想。1940年，毛泽东在《新民主主义论》中提出"民主共和国"的政治概念，认为中国民主建设应采用包容性更大的政治形式，而不宜照搬仅由工农阶级享有政治权利的苏维埃制度，"中国无产阶级、农民、知识分子和其他小资产阶级，乃是决定国家命运的基本势力……他们必然要成为中华民主共和国的国家构成和政权构成的基本部分……"①由此，"现在所要建立的中华民主共和国，只能是在无产阶级领导下的一切反帝反封建的人们联合专政的民主共和国"②。1945年4月，毛泽东在《论联合政府》中，强调"没有人民的自由，没有人民的民主政治"③，国家就没有前途。1949年6月，毛泽东发表《论人民民主专政》一文，指出："总结我们的经验，集中到一点，就是工人阶级（经过共产党）领导的以工农联盟为基础的人民民主专政。"④什么是"人民民主专政"？毛泽东说："对人民内部的民主方面和对反动派的专政方面，互相结合起来，就是人民民主专政。"⑤1948年9月，毛泽东在中央

---

① 《毛泽东选集》第2卷，人民出版社1991年版，第675页。
② 《毛泽东选集》第2卷，人民出版社1991年版，第675页。
③ 《毛泽东选集》第3卷，人民出版社1991年版，第1071页。
④ 《毛泽东选集》第4卷，人民出版社1991年版，第1480页。
⑤ 《毛泽东选集》第4卷，人民出版社1991年版，第1475页。

政治局九月会议上，第一次提出"我们政权的阶级性是这样：无产阶级领导的、以工农联盟为基础，但不仅仅是工农，还有资产阶级民主分子参加的人民民主专政"①的主张。同年12月，毛泽东在《将革命进行到底》一文中提出："在全国范围内建立无产阶级领导的以工农联盟为主体的人民民主专政的共和国。"②

人民民主，其基础是工农联盟，而"人民"这个范畴，包括工人阶级、农民阶级、城市小资产阶级和民族资产阶级在内的最大范围的社会阶层。在实际运行中，人民民主经历了新民主主义革命和社会主义两个历史阶段。新民主主义革命阶段是中国共产党领导下的各革命阶级的联合专政，社会主义阶段是无产阶级专政、人民民主专政，但二者实质是同样的。

人民民主作为民主的一种新型架构，是以毛泽东同志为核心的第一代中央领导集体立足中国社会现实、运用马克思主义国家学说和民主学说、结合中国具体实际总结概括出来的范畴，这是中国共产党在世界民主政治发展史上的一个创造。毛泽东指出："中国人民在几十年中积累起来的一切经验，都叫我们实行人民民主专政，或曰人民民主独裁，总之是一样，就是剥夺反动派的发言权，只让人民有发言权。""对于人民内部，则实行民主制度，人民有言论集会结社等项的自由权。选举权，只给人民，不给反动派。"③这种专政不仅使执政者"同劳动'人民'的亲密关系，造成一些特殊的罢免形式和另一种自下而上的监督"④，避免和消除"政权的一切可能发生的弊病，反复地不倦地铲除官僚

---

① 《毛泽东文集》第5卷，人民出版社1996年版，第135页。
② 《毛泽东选集》第4卷，人民出版社1991年版，第1375页。
③ 《毛泽东选集》第4卷，人民出版社1991年版，第1475页。
④ 《列宁选集》第3卷，人民出版社2012年版，第506页。

主义的莠草"①，而且使广大"劳动群众摆脱了长期以来的压迫者和剥削者——地主和资本家"②。"人民民主"最为显著的本质特征，是它广泛的人民性、巨大的政治包容性和民主的全过程性。

1949年9月，中国人民政治协商会议第一届全体会议通过具有临时宪法地位的《中国人民政治协商会议共同纲领》，宣告新中国实行人民代表大会制度。1954年9月，第一届全国人民代表大会第一次会议通过新中国第一部宪法，即"五四宪法"。《中华人民共和国宪法》规定，中华人民共和国是工人阶级领导的、以工农联盟为基础的人民民主国家。中华人民共和国的一切权力属于人民。人民行使权力的机关是全国人民代表大会和地方各级人民代表大会。全国人民代表大会是最高国家权力机关和行使立法权的唯一机关。《中华人民共和国宪法》的颁布，开辟了人民当家作主的历史新纪元。1982年通过的《中华人民共和国宪法》规定，"中华人民共和国是工人阶级领导的、以工农联盟为基础的人民民主专政的社会主义国家"。后来，"人民民主""人民民主专政"逐渐作为同义语来使用。

人民民主是社会主义民主的本质，其核心内容是人民当家作主。"人民民主"和保障"人民民主"一直是中国共产党的重要政治表达。邓小平强调，领导制度、组织制度问题更带有根本性、全局性、稳定性和长期性，提出我们在政治上创造比资本主义国家的民主更高更切实的民主，切实保证人民真正享有管理国家各级组织和各项企业事业的权利，享有充分的公民权利。江泽民提出，建设社会主义民主政治最重要的是坚持和完善人民

---

① 《列宁选集》第3卷，人民出版社2012年版，第507页。
② 《列宁选集》第4卷，人民出版社2012年版，第64页。

代表大会制度。人民代表大会制度是我国的根本政治制度，是党领导人民当家作主的最好组织形式。发展社会主义民主政治，建设社会主义政治文明，是全面建设小康社会的重要目标。胡锦涛提出，发展社会主义民主政治，最根本的是要把坚持党的领导、人民当家作主和依法治国有机统一起来。中国共产党执政，就是领导、支持、保证人民当家作主，维护和实现最广大人民的根本利益。

党的十八大以来，以习近平同志为主要代表的中国共产党人指出，人民民主是社会主义的生命，没有民主就没有社会主义，就没有社会主义现代化，就没有中华民族伟大复兴。总之，人民当家作主是社会主义民主政治的本质和核心，发展社会主义民主政治就是要体现人民意志、保障人民权益、激发人民创造活力，用制度体系保证人民当家作主。

(四) 关于"全过程人民民主"

在全过程人民民主中，"全过程"体现在中国共产党治国理政全部实践活动之中，内蕴于政治、经济、社会、文化、生态等全部领域。马克思曾深刻指出，"在民主制中，任何一个环节都不具有与它本身的意义不同的意义。每一个环节实际上都只是整体人民的环节"[①]。这里提到的"环节"，在全过程人民民主中就是通过全过程实现的政治机制。

其一，全过程人民民主，通过一系列法律和制度安排，贯通民主选举、民主协商、民主决策、民主管理、民主监督等各个环节，是全链条、全方位、全覆盖的民主。

其二，全过程人民民主，以全过程的程序和形式，保证人民

---

① 《马克思恩格斯全集》第3卷，人民出版社1995年版，第39页。

意愿的代表性、广泛性和真实性，体现人民利益的全局性、长远性和根本性。过程性是民主的内在要求。第二次世界大战后，西方民主的一个突出问题，就是窄化了民主的过程，将民主单纯理解为"竞争性选举"，结果造就了大量的空壳民主。

其三，全过程人民民主，是过程民主和成果民主、程序民主和实质民主、直接民主和间接民主、人民民主和国家意志的有机统一，具有鲜明的中国特色、中国风格、中国智慧。

其四，全过程人民民主，深化了对中国社会主义民主政治发展规律的认识，走出了一条符合中国国情的中国特色社会主义民主政治发展道路，是最广泛、最真实、最管用的民主，代表着人类政治文明的发展方向。

全过程人民民主中的"全"，既是时间概念又内在地包含着空间概念，既涉及民主程序又关系到民主形式，既体现了民主的深度又体现了民主的广度。从纵向的时间、流程、深度看，事前通过民主知情、民主表达、民主协商，进行民主决策；决策后，通过民主参与、民主管理、民主监督、民主评议，实现全流程民主。从横向的空间、范围、广度看，全过程人民民主是全方位、全覆盖的，中央层面要实行民主，地方层面也要实行民主；人大要实行民主，政府、监委、检察院、法院也要实行民主；重大问题要实行民主，中小问题也要实行民主。

全过程性和完整性是全过程人民民主的重要特征和突出特点。全过程人民民主具有全局性、全程性、全民性，可以理解为全环节、全流程、全领域、全时空、全时段、全要素、全功能的民主。全过程人民民主，既体现为完整的制度程序，也体现为完整的参与实践，意味着人民行使的民主权利不是个别的、片段式的、零散的、碎片化的，而是系统的、完整的；不是间歇性的、一次性的，而是持续的、全过程的；不是表面的、形式化的，而是实实在在的、有实质内容的。

"中西政理，各有渊源。"全过程人民民主与西方国家的非全过程性民主具有质的区别，它改变了那种"一次性消费行为"般的民主游戏。全过程人民民主，既是社会主义民主政治的本质属性，也是中国式现代化的本质要求；既是坚持人民主体地位和充分体现人民意志的民主，也是能最大限度保障人民权益和激发人民创造活力的民主。新时代新征程，坚定不移走中国特色社会主义政治发展道路，坚持不懈发展全过程人民民主，不仅有利于推进中国式现代化行稳致远，而且有利于为解决人类共同面临的现代化问题提供更多更好的中国智慧、中国方案和中国力量。

第三章

关键在于人民当家作主

全过程人民民主是以人民为起点、以人民为中心、以人民的利益为指向、以人民的获得感和满意度为衡量尺度的民主。人民当家作主是全过程人民民主的本质和核心，也是中国民主的初心。正因为中国共产党始终尊重人民主体地位，保证人民当家作主，中国人民才能在党的领导下，在推进中国式现代化进程中成功创造世所罕见的经济快速发展奇迹和社会长期稳定奇迹。人民当家作主，是政治文明形态发展到社会主义阶段的根本标志，也是政治文明在人类发展史上一次质的飞跃。

一、人民当家作主是社会主义民主政治的本质属性

社会主义民主政治，是无产阶级掌握国家政权、管理国家的政治制度。在马克思主义的话语体系中，"民主"概念的基本含义是"人民的权力"，"人民进行统治、治理"。马克思在《黑格尔法哲学批判》中明确指出："人民是否有权来为自己建立新的国家制度呢？对这个问题的回答应该是绝对肯定的，因为国家制度如果不再真正表现人民的意志，那它就变成有名无实的东西了。"[①]"在民主制中，国家制度、法律、国家本身，就国家是政治制度来说，都只是人民的自我规定和人民的特定内容，因为国家就是一种政治制度。"[②]马克思在《哥达纲领批判》中指出，"民主的"这个词，在德语里意思是"人民当权的"。[③]马克思、恩格斯的科学论述，揭示了社会主义民主政治的本质特征，指出

[①]《马克思恩格斯全集》第1卷，人民出版社1995年版，第316页。
[②]《马克思恩格斯全集》第3卷，人民出版社2002年版，第41页。
[③]《马克思恩格斯选集》第3卷，人民出版社2012年版，第371页。

真正的民主是建立表现人民意志、实现人民当家作主的国家政权和民主政治制度。

在1917年撰写的《国家与革命》中，列宁指出："民主就是承认少数服从多数的国家。"[①]这与民主的希腊文原意"多数人的统治"是一致的。在阶级社会里，民主是某个阶级以人民的名义掌握政权、管理国家。"民主是国家形式，是国家形态的一种。因此，它同任何国家一样，也是有组织有系统地对人们使用暴力，这是一方面。但另一方面，民主意味着在形式上承认公民一律平等，承认大家都有决定国家制度和管理国家的平等权利。"[②]与以往剥削制度的民主制不同，社会主义民主制度不是极少数人享受民主的民主制度，而是绝大多数享受民主权利的民主制度，"无产阶级的或苏维埃的民主则不是把重心放在宣布全体人民的权利和自由上，而是着重于实际保证那些曾受资本压迫和剥削的劳动群众能实际参与国家管理"[③]；"苏维埃民主或无产阶级民主在世界上第一次把民主给了群众、劳动者、工人和小农。世界上从来没有过象苏维埃政权那样的大多数人民的国家政权，实际上是大多数人民的政权"[④]。因此，只有社会主义民主，才是人类历史上第一次真正使国家的权力成为人民的权力，从而使"大多数人的统治"以国家政治制度的形式成为名副其实的现实。[⑤]

实现人民当家作主，是中国共产党矢志不渝的初心和使命，是坚持党的本质属性和践行党的根本宗旨的必然要求。在民主理念方面，新中国成立后，生产资料所有制的社会主义改造基本完

---

① 列宁：《国家与革命》，人民出版社2015年版，第83页。
② 《列宁选集》第3卷，人民出版社2012年版，第201页。
③ 《列宁选集》第3卷，人民出版社2012年版，第724页。
④ 《列宁选集》第3卷，人民出版社2012年版，第795页。
⑤ 王沪宁：《政治的逻辑——马克思主义政治学原理》，上海人民出版社2022年版，第282页。

成，毛泽东在使用"人民民主"这个概念时，把中国实行的民主称为"社会主义的民主"，指出"我们的这个社会主义的民主是任何资产阶级国家所不可能有的最广大的民主"①。在新的历史时期，邓小平指出，对于人民来说，"社会主义民主，是工人、农民、知识分子和其他劳动者所共同享受的民主，是历史上最广泛的民主"②。江泽民在《在庆祝中国共产党成立七十周年大会上的讲话》中指出，"在中国共产党领导下，工人、农民、知识分子和全体人民作为主人管理自己的国家，享受广泛的民主权利，这是我国社会主义民主的核心，也是同资本主义民主的本质区别"③。胡锦涛指出，"人民民主是社会主义的生命，人民当家作主是社会主义民主政治的本质和核心。没有民主就没有社会主义，就没有社会主义现代化"④。2017年10月18日，习近平总书记在党的十九大报告中指出，"发展社会主义民主政治就是要体现人民意志、保障人民权益、激发人民创造活力，用制度体系保证人民当家作主"⑤。

在民主实践方面，人民当家作主贯穿党领导人民进行社会主义革命、建设、改革的全过程，覆盖国家治理的各环节，体现在经济社会发展的各个领域、各个方面。中国政治制度的构建和运行，都是围绕人民当家作主来进行的。新中国成立后，党发挥总揽全局、协调各方的领导核心作用，消灭了一切剥削制度，确立了社会主义基本经济制度，把国民经济命脉牢牢掌握在人民手

---

① 《毛泽东著作选读》（下册），人民出版社1986年版，第760页。
② 《邓小平文选》第2卷，人民出版社1994年版，第168页。
③ 《十三大以来重要文献选编（下）》，人民出版社1993年版，第1641页。
④ 胡锦涛：《在纪念党的十一届三中全会召开30周年大会上的讲话》，人民出版社2008年版，第22页。
⑤ 习近平：《决胜全面建成小康社会 夺取新时代中国特色社会主义伟大胜利——在中国共产党第十九次全国代表大会上的报告》，人民出版社2017年版，第35页。

中，使人民当家作主具有坚实经济基础和物质保障。中国共产党和各民主党派、人民团体、无党派民主人士按照民主原则共商建国大计，人民民主专政的国家政权和人民代表大会的根本政治制度得以确立。随着全国人大代表普选、新中国第一部宪法通过，人民当家作主的政治架构、法治原则和制度框架基本确立并发展起来。

改革开放和社会主义现代化建设新时期，中国共产党深刻总结新中国成立以来正反两方面的经验，坚持中国特色社会主义政治发展道路和社会主义法治建设，巩固社会主义民主。中国的根本政治制度、基本政治制度进一步完善，政治体制改革稳妥推进，中国特色社会主义法律体系逐渐形成，人民依法享有和行使民主权利的内容更加丰富、渠道更加畅通、形式更加多样，人民民主发展的社会物质基础和政治制度保障更加坚实。

党的十八大以来，中国特色社会主义进入新时代，同时开启了人民当家作主的新时代。中国共产党推进国家治理体系和治理能力现代化，确立和坚持中国特色社会主义根本制度、基本制度、重要制度，人民当家作主制度体系更加健全。习近平总书记指出："我们党自成立之日起就致力于建设人民当家作主的新社会，提出了关于未来国家制度的主张，并领导人民为之进行斗争。"① 全过程人民民主坚持人民民主是社会主义生命的理念，通过完整的制度程序，全面、广泛、有机衔接的制度体系，畅通有序的民主渠道，丰富多样的民主形式，为人民当家作主提供了有力的制度保证。

习近平总书记强调："人民当家作主必须具体地、现实地体现到中国共产党执政和国家治理上来，具体地、现实地体现到中

---

① 习近平：《论坚持人民当家作主》，中央文献出版社2021年版，第274页。

国共产党和国家机关各个方面、各个层级的工作上来,具体地、现实地体现到人民对自身利益的实现和发展上来。"[1]党的各级组织支持和保证人民依法实行民主选举、民主协商、民主决策、民主管理、民主监督,从各层次各领域拓展人民有序政治参与的广泛性和持续性,全过程人民民主实践涵盖经济、政治、文化、社会、生态文明等各个领域,国家政治生活和社会生活各环节、各方面都能够体现人民意愿、听到人民声音,体现了中国式现代化民主政治建设的本质要求。

人民当家作主只有进行时、没有完成时,这是由党的根本政治立场和根本政治宗旨决定的。中国特色社会主义进入新时代,社会主要矛盾发生转化,人民群众需求更加多样,通过各种渠道、各种方式发展全过程人民民主,构建民主实现形式新样态,把人民当家作主落实到党治理国家的政策措施上,落实到党和国家机关各个方面各个层级的具体工作上,落实到实现人民对美好生活向往的现实目标上,才能充分发挥我国的民主制度优势,进一步增进党群情感、化解人民内部矛盾,激发人民群众的积极性、主动性、创造性。人民当家作主,是新时代发展中国特色社会主义民主政治的题中之义。

二、人民至上是人民当家作主的具体体现

在人民当家作主的政治体系中,人民始终处于核心位置。习近平总书记指出:"人民立场是中国共产党的根本政治立场,

---

[1] 习近平:《在庆祝中国人民政治协商会议成立65周年大会上的讲话》,人民出版社2014年版,第13页。

是马克思主义政党区别于其他政党的显著标志。"①"人民至上",是指人民拥有一切国家权力,是至高无上的主体,集中体现为中国共产党治国理政一切为了人民、一切依靠人民、一切由人民评判。"人民至上",是马克思主义的人民性在新时代的继承和创新,是马克思主义认识论的必然要求,彰显了唯物史观立场和执政党执政理念,指明了全过程人民民主的价值旨归。

"人民至上",是中国传统"民本"思想的当代体现。在我国最早的政论典籍《尚书》中,已出现了"民本"思想的萌芽。《尚书·五子之歌》曰:"民可近,不可下,民惟邦本,本固邦宁。"其意是说,人民是用来亲近的,不能轻视与低看;只有人民才是国家的根基,根基牢固,国家才能安定。《尚书·大禹谟》曰:"德惟善政,政在养民。"其意是说,德政就是最好的政治,而最好的政治在于让老百姓生活得美好。《尚书·尧典》中的"平章百姓""协和万邦"②,其中"平章"就是"商酌","协和万邦"则主张先由家族和谐扩展到社会和谐乃至不同邦族之间的和谐。这是中国古代民主思想的萌芽。

《孟子·离娄上》曰:"得天下有道:得其民,斯得天下矣;得其民有道:得其心,斯得民矣。"③其意是说,若要得天下,先要得到百姓的支持;要得到百姓的支持,就要赢得民心。《史记·郦食其列传》明确提出"王者以民人为天",把民视为天地相参的力量,体现了"以民为本"是君民关系的核心。《荀子·大略》说:"天之生民,非为君也。天之立君,以为民也。"其意是说,上天生出百姓,并不是为了君主;相反,上天设立君主,却

---

① 习近平:《在庆祝中国共产党成立95周年大会上的讲话》,《人民日报》2016年7月2日。
② 王世舜、王翠叶译注:《尚书》,中华书局2012年版,第5页。
③ 万丽华、蓝旭译注:《孟子》,中华书局2010年版,第154页。

是为了百姓，为政者应基于自己的天职亲近民众并承担重任。《荀子·王制》中的"水则载舟，水则覆舟"①，《孟子·尽心下》中的"民为贵，社稷次之，君为轻"②，《荀子·君道》中的"故有社稷者而不能爱民，不能利民，而求民之亲爱己，不可得也"③等，都强调了以民为重的思想。

从成立之日起，中国共产党"既是中华优秀传统文化的忠实继承者和弘扬者，又是中国先进文化的积极倡导者和发展者"④。"人民至上"思想充分汲取中华优秀传统文化中"民本"思想精华、"为公"思想境界、"务实"思想方法，摒弃、超越了"君本""官本"等错误思想，将人民主体地位提升到至高无上的位置。

习近平总书记在浙江工作期间坚持人民至上，反复强调人民群众的重要性。2003年8月4日，时任浙江省委书记的习近平同志在全省立法工作会议上的讲话中指出："只有真正反映了人民群众的根本利益，体现了人民群众的基本要求，才能为广大人民群众所拥护、所接受、所依赖。"⑤2003年11月27日，习近平同志在《浙江日报》"之江新语"专栏发表的文章中写道："要做到情为民所系，就要以党的先进人物为榜样，培养和增强对人民群众的深厚感情，学习和树立五种崇高的情感……只有学习和树立这五种崇高的情感，才能心里装着群众，凡事想着群众，工作依靠群众，一切为了群众，切实解决好'相信谁、依靠谁、为了

---

① 安小兰译注：《荀子》，中华书局2007年版，第76页。
② 方向东译注：《新书》，中华书局2012年版，第275页。
③ 《荀子》卷九《臣道篇》，清抱经堂丛书本电子版，第87页。
④ 《中共中央关于深化文化体制改革 推动社会主义文化大发展大繁荣若干重大问题的决定》，《人民日报》2011年10月26日。
⑤ 习近平：《干在实处 走在前列——推进浙江新发展的思考与实践》，中共中央党校出版社2006年版，第364页。

谁'的根本政治问题，努力为人民掌好权、用好权。"①2003年12月30日，习近平同志在检查节日市场供应和物价情况时的讲话中指出："一定要把群众的安危冷暖挂在心上，以'天下大事必作于细'的态度，抓实做细事关群众切身利益的每项工作，努力办实每件事，赢得万人心。"②2004年6月，习近平同志在《浙江日报》"之江新语"专栏发表的文章中强调，"群众的实践是最丰富最生动的实践，群众中蕴藏着巨大的智慧和力量"③。2006年4月25日，习近平同志在浙江省委十一届十次全会上的报告中指出："要坚持以人为本的理念，在立法、执法、司法的各个环节上体现尊重和保障人权。"④

党的十八大以来，"人民至上"已经逐渐发展成具有世界观和方法论意义的思想。在2013年全国宣传思想工作会议上，习近平总书记强调树立"以人民为中心"工作导向的重要性。在2015年召开的党的十八届五中全会上，习近平总书记更进一步提出"坚持以人民为中心"的发展思想。党的十八大强调党和国家各项工作的导向要坚持"以人民为中心"，通过全面深化改革让人民群众有更多获得感、安全感和幸福感。在2016年4月召开的知识分子、劳动模范、青年代表座谈会上，习近平总书记明确指出："广大知识分子要坚持国家至上、民族至上、人民至上，始

---

① 习近平：《干在实处　走在前列——推进浙江新发展的思考与实践》，中共中央党校出版社2006年版，第527页。
② 习近平：《干在实处　走在前列——推进浙江新发展的思考与实践》，中共中央党校出版社2006年版，第527页。
③ 习近平：《干在实处　走在前列——推进浙江新发展的思考与实践》，中共中央党校出版社2006年版，第530页。
④ 习近平：《干在实处　走在前列——推进浙江新发展的思考与实践》，中共中央党校出版社2006年版，第358页。

终胸怀大局、心有大我。"①党的十九大将"坚持以人民为中心"列为坚持和发展新时代中国特色社会主义的"十四条基本方略"之一。党的十九届六中全会总结党的百年奋斗历程,把"坚持人民至上"作为宝贵的历史经验之一,指出"党的根基在人民、血脉在人民、力量在人民,人民是党执政兴国的最大底气"②。党的二十大报告中共有180余次提及"人民","六个必须坚持"中的第一条就是"必须坚持人民至上"。

"人民至上"的科学内涵,主要包括以下四个方面:

第一,国家一切权力属于人民。在中国,人民是国家的主人,人民赋予党员干部权利,党员干部为人民服务。习近平总书记在中央党校2010年秋季学期开学典礼上的讲话中指出:"我们党作为执政党是代表工人阶级和全体人民在全国执掌政权,共产党员和领导干部手中的权力都是人民赋予的。""我们所有党员和领导干部手中的权力,只能用来为人民谋利益,而绝不允许搞任何形式的以权谋私。"人民拥有监督权,"彻底清除了国家等级制,以随时可以罢免的勤务员来代替骑在人民头上作威作福的老爷们,以真正的责任制来代替虚伪的责任制,因为这些勤务员总是在公众监督之下进行工作的"。"要健全权力运行制约和监督体系,让人民监督权力,让权力在阳光下运行。"③国家一切权力属于人民,就是用人民民主制度确保人民充分享有公民权利、行使国家权力,确保人民在国家经济、政治、文化和社会生活中享有

---

① 习近平:《在知识分子、劳动模范、青年代表座谈会上的讲话》,人民出版社2016年版,第6页。
② 《党的十九届六中全会〈决议〉学习辅导百问》,学习出版社、党建读物出版社2021年版,第62页。
③ 《习近平在中央党校秋季学期开学典礼上强调牢固树立正确世界观权力观事业观》,《人民日报》2010年9月2日。

至高无上的地位。

第二，人民群众的利益高于一切。中国共产党在任何时候都把群众利益放在第一位，"没有任何自己特殊的利益，从来不代表任何利益集团、任何权势团体、任何特权阶层的利益"[1]。中国共产党作为最广大人民的根本利益的代表者，能够兼顾不同方面的合理利益、局部利益与整体利益、当前利益与长远利益、具体利益与根本利益。如果没有党的领导，不能对各种利益关系加以调整和融合，盲目地追求形式上的民主，容易导致"无政府状态"，导致金钱政治、社会不公乃至国家分裂。习近平总书记指出："党的一切工作，必须以最广大人民根本利益为最高标准。"[2]人民利益高于一切，是一切为了人民，一切依靠人民，一切工作从根本上说都要致力于为人民谋利益。在推进高质量发展、朝着实现共同富裕的目标前进过程中，始终把人民当家作主作为根本的出发点和归宿，将人民的利益视为最高的价值标准，注重效率与公平、发展与稳定的辩证关系。针对发展不平衡、不充分和各区域、各领域分配不均等问题，中国共产党构建兼顾效率与公平的收入分配体系，制定一系列方案解决持续健康发展问题，在高质量发展中缩小差距，保障和改善民生，确保一切发展成果惠及广大人民群众。在新进中央委员会的委员、候补委员和省部级主要领导干部学习贯彻习近平新时代中国特色社会主义思想和党的二十大精神研讨班开班式上，习近平总书记对推进中国式现代化需要处理好的若干重大关系作出深刻阐释、提出明确要求，其中包括正确处理好效率与公平的关系，既要追求效率，也

---

[1] 《习近平著作选读》第2卷，人民出版社2023年版，第482页。

[2] 习近平：《决胜全面建成小康社会 夺取新时代中国特色社会主义伟大胜利——在中国共产党第十九次全国代表大会上的报告》，人民出版社2017年版，第50页。

要保持社会的公平正义。

第三，人民的需要至上。人的需要是个体发展的原动力，也是社会进步的原动力。当前，"我国社会主要矛盾已经转化为人民日益增长的美好生活需要和不平衡不充分的发展之间的矛盾"[1]，人民群众对民主、法治、公平、正义、安全、环境等方面的要求日益增长。习近平总书记指出："人民对美好生活的向往，就是我们的奋斗目标。"[2]面对社会主要矛盾的转化和广大人民群众需求的变化，党和国家不断完善人民当家作主的制度建设，及时关切满足人民群众的需要，积极回应人民群众的生活期待，有效解决人民群众急难愁盼问题，使人民群众成为经济社会发展的最终受益者。

第四，人民是最高裁决者和最终评判者。人民群众是价值评判的主体，这是历史唯物主义的基本观点和基本立场。马克思强调："人民历来就是什么样的作者'够资格'和什么样的作者'不够资格'的唯一判断者。"[3]坚持人民至上，就要坚持中国共产党的执政成效必须由人民来评判。习近平总书记指出："时代是出卷人，我们是答卷人，人民是阅卷人。"[4]中国共产党的党员人数在人民中间还是少数，离开了人民支持就无法实现党的奋斗目标。"'知政失者在草野。'任何政党的前途和命运最终都取决于人心向背。'人心就是力量。'""我们党的执政水平和执政成效都不是由自己说了算，必须而且只能由人民来评判。人民是我

---

[1] 习近平：《决胜全面建成小康社会 夺取新时代中国特色社会主义伟大胜利——在中国共产党第十九次全国代表大会上的报告》，人民出版社2017年版，第11页。
[2]《习近平在十八届中共中央政治局常委同中外记者见面时强调 人民对美好生活的向往就是我们的奋斗目标》，《人民日报》2012年11月16日。
[3]《马克思恩格斯全集》第1卷，人民出版社1995年版，第195—196页。
[4]《习近平新时代中国特色社会主义思想学习纲要（2023年版）》，学习出版社、人民出版社2023年版，第69页。

们党的工作的最高裁决者和最终评判者。"①习近平总书记高度重视人民评判政绩的问题，他指出，"党的一切工作，必须以最广大人民根本利益为最高标准。检验我们一切工作的成效，最终都要看人民是否真正得到了实惠，人民生活是否真正得到了改善，人民权益是否真正得到了保障"②。他强调，"全党同志要把人民放在心中最高位置，坚持全心全意为人民服务的根本宗旨，实现好、维护好、发展好最广大人民根本利益，把人民拥护不拥护、赞成不赞成、高兴不高兴、答应不答应作为衡量一切工作得失的根本标准，使我们党始终拥有不竭的力量源泉"③。总之，党和政府的执政水平与成绩的重要检验标准，是人民群众的满意程度和利益实现程度。

全过程人民民主践行"坚持人民至上"的价值理念，既关注民主的过程又关注民主的结果、既重视民主的程序也重视民主的实质，不仅珍视民主的代表性还珍视民众的参与性，实行选举与协商、决策与执行、监督与管理的有机统一。党的十八大以来，在以习近平同志为核心的党中央坚强领导下，中国共产党人不忘初心、牢记使命，始终把人民拥护和支持作为力量源泉，秉承"江山就是人民，人民就是江山"的执政理念，坚持人民至上，发展全过程人民民主，把人民生活幸福作为"国之大者"，把"让老百姓过上好日子"作为一切工作的出发点和落脚点。为了人民的福祉，中国共产党坚持以人民为中心的发展思想，大力促进社会公平正义，让广大人民群众共享改革发展成果，积极推进共同富裕进程，如期完成脱贫攻坚的伟大历史任务，实现了全面

---

① 《习近平著作选读》第1卷，人民出版社2023年版，第213页。
② 《十八大以来重要文献选编（上）》，中央文献出版社2014年版，第698页。
③ 《十八大以来重要文献选编（下）》，中央文献出版社2018年版，第352页。

建成小康社会的第一个百年奋斗目标，近1亿贫困人口实现脱贫，历史性地解决了绝对贫困问题，推动中国迈上全面建成社会主义现代化强国、实现第二个百年奋斗目标新征程。

"人民至上"的"立场观点方法"镌刻在民主的细节之中，有机融入中国式现代化民主化道路中，覆盖中国式现代化民主化建设的各个领域各个层面，凸显中国式现代化的社会主义性质和实现广大人民群众对美好生活向往的价值取向。在全面建成社会主义现代化强国、实现第二个百年奋斗目标、以中国式现代化全面推进中华民族伟大复兴的新征程上，中国共产党必须坚持人民至上，发展全过程人民民主，紧紧依靠人民、不断造福人民、牢牢植根人民，坚持全心全意为人民服务，站稳人民立场，贯彻党的群众路线，着力解决我国发展不平衡和不充分的问题，着力解决人民群众急难愁盼问题，并落实到各项决策部署和实际工作中。

三、坚持党的领导、人民当家作主和依法治国的有机统一

坚持党的领导、人民当家作主、依法治国有机统一，是社会主义政治发展的必然要求。党的领导是人民当家作主和依法治国的根本保证，人民当家作主是社会主义民主政治的本质特征，依法治国是党领导人民治理国家的基本方式，三者统一于我国社会主义民主政治的伟大实践。

坚持党的领导、人民当家作主、依法治国有机统一，最根本的是坚持党的领导。中国特色社会主义最本质的特征是中国共产

党领导，中国特色社会主义制度的最大优势是中国共产党领导，党是最高政治领导力量。中国共产党的领导地位和执政地位，不是自封的，而是历史的选择、人民的选择，是在团结带领人民进行伟大社会革命的三次伟大飞跃中得以形成和巩固的。正如习近平总书记所指出的："只要我们深入了解中国近代史、中国现代史、中国革命史，就不难发现，如果没有中国共产党领导，我们的国家、我们的民族不可能取得今天这样的成就，也不可能具有今天这样的国际地位。"①

坚持党的领导是人民当家作主的根本保证。只有坚持党的领导，才能保证我国民主政治发展的正确方向，才能走出一条符合中国国情的中国特色社会主义民主政治发展道路。百余年来，党团结带领中国人民在发展社会主义民主政治方面取得了重大进展，成功开辟和坚持了中国特色社会主义政治发展道路，为实现最广泛的人民民主确立了正确方向。习近平总书记指出："我们要坚持发挥党总揽全局、协调各方的领导核心作用，提高党科学执政、民主执政、依法执政水平，保证党领导人民有效治理国家，切实防止出现群龙无首、一盘散沙的现象。"②在国家治理体系和治理能力现代化进程中，发挥党的领导核心作用，就是保证党领导人民有效治理国家，保证人民民主的理念、方针、政策贯彻到国家政治生活和社会生活的方方面面，构建富有中国特色的全覆盖权力协同机制。

坚持中国共产党领导，是实行依法治国、建设社会主义法治国家的政治保证。在党的领导下实行法治，统筹依法治国各领域

---

① 《习近平新时代中国特色社会主义思想学习问答》，学习出版社、人民出版社2021年版，第431页。
② 习近平：《在庆祝全国人民代表大会成立60周年大会上的讲话》，人民出版社2014年版，第21页。

工作，把党的领导贯彻到依法治国全过程和各方面，体现在党领导立法、保证执法、支持司法、带头守法上。在我国政治生活中，党是居于领导地位的，加强党的集中统一领导，支持人大、政府、政协和监察委、法院、检察院依法依章程履行职能、开展工作、发挥作用，这两个方面是统一的。坚持党的领导，就是要支持人民当家作主，实施好依法治国这个党领导人民治理国家的基本方式。我们必须坚持党总揽全局、协调各方的领导核心作用，通过人民代表大会制度，保证党的路线方针政策和决策部署在国家工作中得到全面贯彻和有效执行。人大代表密切联系群众、听取群众呼声、反映人民意愿，依法提出议案、建议和意见，各国家机关、组织认真研究、逐件办理，切实体现到政策、法律和工作之中。不能把坚持党的领导同人民当家作主、依法治国对立起来，更不能用人民当家作主、依法治国来动摇和否定党的领导。

坚持党的领导与人民当家作主并不矛盾。在中国共产党领导的社会主义国家，一切权力属于人民，不依据地位、财富、关系分配政治权力。习近平总书记指出："我们要坚持国家一切权力属于人民，既保证人民依法实行民主选举，也保证人民依法实行民主决策、民主管理、民主监督，切实防止出现选举时漫天许诺、选举后无人过问的现象。"[①]这是因为，离开了人民的根本利益和当家作主的权利，党的领导就会成为无源之水、无本之木。百余年来，党正是因为坚持以人民为中心、坚持人民主体地位，真正为人民执政、靠人民执政，坚持"一切为了群众，一切依靠群众，从群众中来，到群众中去"的群众路线，切实保障人民群

---

① 习近平：《在庆祝全国人民代表大会成立60周年大会上的讲话》，人民出版社2014年版，第21页。

众的各项权利,才赢得民心,凝聚起最广大人民的智慧和力量。

坚持党的领导与依法治国并不矛盾。习近平总书记指出:"我们说不存在'党大还是法大'的问题,是把党作为一个执政整体。就党的执政地位和领导地位而言的,具体到每个党政组织、每个领导干部,就必须服从和遵守宪法法律。有些事情要提交党委把握,但这种把握不是私情插手,不是包庇性的干预,而是一种政治性、程序性、职责性的把握。这个界线一定要划分清楚。"①立法是民主的重要实践,通过法治保障党的政策有效实施、保障人民当家作主。宪法是国家的根本大法,规定国家的一切权力属于人民,在制度设计和法律法规安排上确保人民当家作主有序推进,是治国理政的总章程。将坚持和发展全过程人民民主写入立法中,最大程度地完善了立法的逻辑、过程、机制和运行体系,确保了国家立法的各个环节都能听到来自人民的声音,并且积极回应人民群众新要求新期待,为制定反映人民意愿、保障人民权益的法律提供了更加广泛的群众基础。依法治国是国家治理协同机制的又一特色,是一种保证全过程人民民主有序推进的全覆盖机制。我们必须坚持依法治国、依法执政、依法行政共同推进,一体建设法治国家、法治政府、法治社会。

坚持党的领导、人民当家作主、依法治国有机统一,把党的主张、国家意志、人民意愿紧密结合在一起,体现了我国全过程人民民主的独特优势。2014年1月7日,习近平总书记在中央政法工作会议上的讲话中指出:"坚持党的领导,就是要支持人民当家作主,实施好依法治国这个党领导人民治理国家的基本方略。党的领导和社会主义法治是一致的,只有坚持党的领导,人

---

① 习近平:《坚定不移走中国特色社会主义法治道路 为全面建设社会主义现代化国家提供有力法治保障》,《求是》2021年第5期。

民当家作主才能充分实现，国家和社会生活制度化、法治化才能有序推进。不能把坚持党的领导同人民当家作主、依法治国对立起来，更不能用人民当家作主、依法治国来动摇和否定党的领导。那样做在思想上是错误的，在政治上是十分危险的。"①"中国特色社会主义政治发展道路，关键是坚持党的领导、人民当家作主、依法治国的有机统一，以保证人民当家作主为根本，以增强党和国家活力、调动人民积极性为目标，扩大社会主义民主，发展社会主义政治文明。"②我们要在实践中不断加强党的领导，使党的主张通过法定程序成为人民当家作主的有力保障，不断完善和发展全过程人民民主。

完善中国特色社会主义政治发展道路，关键是要增加和扩大中国的优势和特点，而不是削弱和缩小中国的优势和特点。全过程人民民主坚持党的领导、人民当家作主、依法治国有机统一，把党的主张、国家意志、人民意愿紧密结合在一起，体现了共识型民主、效能型民主。习近平总书记说："保证和支持人民当家作主不是一句口号、不是一句空话，必须落实到国家政治生活和社会生活之中，保证人民依法有效行使管理国家事务、管理经济和文化事业、管理社会事务的权利。"③"民主不是装饰品，不是用来做摆设的，而是要用来解决人民要解决的问题的。"④中国共产党坚持人民主体地位，从我国国情和实际出发，建立了人民当家作主制度体系，为维护最广大人民根本利益奠定了坚实制度基础。

今天的中国，人民当家作主的内涵不断丰富、渠道不断拓宽、效能不断提升，全过程人民民主不断向前推进。我们必须坚

---

① 《习近平关于社会主义政治建设论述摘编》，中央文献出版社2017年版，第26页。
② 《习近平关于社会主义政治建设论述摘编》，中央文献出版社2017年版，第4页。
③ 习近平：《论坚持人民当家作主》，中央文献出版社2021年版，第96页。
④ 习近平：《论坚持人民当家作主》，中央文献出版社2021年版，第101页。

定不移地走中国特色社会主义政治发展道路，在坚持党的领导、人民当家作主、依法治国有机统一中推进社会主义民主政治建设，不断加强人民当家作主的制度保障，加快推进国家治理体系和治理能力现代化，充分调动人民的积极性、主动性、创造性，更加切实、更有成效地实施全过程人民民主。

第四章

中国式现代化民主观的鲜明特点和显著优势

全过程人民民主是马克思主义民主观中国化时代化。它基于马克思主义立场、观点和方法，根植于中华优秀传统文化，借鉴并汲取了其他国家和地区民主化的经验和教训，是正确的、全面的、科学的民主观。全过程人民民主是新时代背景下马克思主义民主理论的最新发展，彰显了人民当家作主的本质属性和全过程参与的鲜明特质与显著优势，实现了人民民主理论的新飞跃，贡献了民主政治发展的中国方案，开启了人类政治文明发展的新境界。

一、中国式现代化民主观的鲜明特点

中国式现代化蕴含的民主观，其核心内容就是坚持全过程人民民主，其实质是人民当家作主，坚持全链条、全方位、全覆盖，实现过程民主和成果民主、程序民主和实质民主、直接民主和间接民主、人民民主和国家意志的统一，并具体体现在民主选举、民主协商、民主决策、民主管理、民主监督之中。

（一）以人民作为民主主体

马克思主义唯物史观认为，人民群众是生产力中最活跃、最革命的因素，创造了社会的物质财富和精神财富，是推动社会发展和变革的主要力量。从马克思主义政治学的视角来看，人是观念、思想和理论的创造者，也是现实社会政治生活和政治关系的创造者和主体。[①]一种民主是否合理和进步，首先要看谁是民主的主体。

[①] 王沪宁：《政治的逻辑——马克思主义政治学原理》，上海人民出版社2022年版，第441页。

社会主义民主区别于、优越于资本主义民主的最根本之处，就是非常明确并始终坚持以人民为中心的民主主体观。习近平总书记指出："人民是中国式现代化的主体。"①"现代化道路最终能否走得通、行得稳，关键要看是否坚持以人民为中心。"②以人民为中心的发展思想，把以人民为主体的民主政治建设提升到一个新的高度，是中国式现代化蕴含的民主观的最鲜明特色和最核心内容。

坚持以人民为中心的民主观，深刻回答了发展"为了谁""依靠谁""由谁共享"的问题，指明了人民群众不仅是现代化进程的力量主体，也是现代化发展成果的受益主体。2017年10月25日，在十九届中共中央政治局常委同中外记者见面时的讲话中，习近平总书记说："全面建成小康社会，一个也不能少；共同富裕路上，一个也不能掉队。我们将举全党全国之力，坚决完成脱贫攻坚任务，确保兑现我们的承诺。"③2017年11月10日，在越南岘港亚太经合组织工商领导人峰会上，习近平总书记再次强调："全面建成小康社会，13亿多中国人，一个都不能少！"④"一个也不能少"，是以人民为中心的发展思想的具体体现，是发展成果由人民共享的庄严承诺。习近平总书记秉持"一个也不能少"的思想，先后7次主持召开中央扶贫工作座谈会，50多次调研扶贫工作，走遍了14个集中连片特困地区，创造性地提出"精准扶贫、精准脱贫"，推动中国取得脱贫攻坚战的全面胜利。

---

① 《习近平新时代中国特色社会主义思想学习纲要（2023年版）》，学习出版社、人民出版社2023年版，第56页。

② 习近平：《携手同行现代化之路——在中国共产党与世界政党高层对话会上的主旨讲话》，人民出版社2023年版，第2页。

③ 《习近平扶贫论述摘编》，中央文献出版社2018年版，第23页。

④ 《习近平出席亚太经合组织工商领导人峰会并发表主旨演讲 强调顺应大势勇于担当 共同开辟亚太发展繁荣的光明未来》，《人民日报》2017年11月11日。

在中国式现代化进程中，中国共产党始终尊重人民主体地位，尊重人民群众在实践活动中所表达的意愿、所创造的经验、所拥有的权利、所发挥的作用，充分激发蕴藏在人民群众中的创造伟力；中国共产党始终坚持全体人民共同富裕的发展目标，坚持在促进发展中保障和改善民生、发展全过程人民民主、满足人民对美好生活的需要。在世界百年未有之大变局背景下，全面推进中国式现代化，必须坚持以人民为中心的民主观，坚持发展社会主义民主理论与实践，不断丰富发展马克思主义人民主体地位的理论内涵，不断深化马克思主义关于人民主体地位的认识，为实现中国式现代化民主化提供有力的民心保障。

（二）全链条的民主环节

全过程人民民主是一种全链条式的制度化民主。这与西方民主制度不同。西方民主制度链条是不完整的，代理人无法真正表达民众真实意见，民众并未获得实际的选举主权，西方民主逐渐演变成为人民挑选统治者的决策程序。虽然一些西方国家提出用协商民主来弥补代议制民主的制度缺陷，但资本控制下的政治制度体系决定了这种乌托邦式的民主理想最终无法实现。

中国全过程人民民主的"全链条"，不仅在民主选举环节规定了相关的程序，而且还在民主协商、民主决策、民主管理、民主监督等环节设置了相关的程序，建立了科学完善的利益协调、矛盾化解、诉求表达、决策参与和应急管理等机制，实现了民主各环节的贯通，形成系统、完整、有效的民主链条，充分保障了人民的知情权、参与权、表达权、监督权。

在全链条式的民主环节中，民主协商与民主选举不是相互替代、相互否定的，而是相互补充、相得益彰的。民主协商是政治主体在重大决策前后对民主选举形式的重要补充，也是民主党派和无党派人士政治协商、参政议政的重要渠道。"人民通过选举、投票行使权利和人民内部各方面在重大决策之前进行充分协商，尽可能就共同性问题取得一致意见，是中国社会主义民主的两种重要形式。"①

民主管理，涉及经济、政治、文化等各个领域，通过构建科学、民主、高效的决策制度和机制，协调各组织行为以达到民主的实效。民主监督，涵盖从党中央到地方监督的全部环节，通过人大监督、民主监督、行政监督、司法监督、舆论监督等多种途径，构建起一套科学、高效的监督体系。例如，执法检查是人大监督的法定形式和重要途径。全国人大常委会在执法检查过程中，为了达到好的效果，不断创新形式、完善机制，将实地检查与随机抽查、问卷调查、网络调研结合起来，既有明察也有暗访。②

上海市为践行全链条的民主环节提供了范例，解决了人民群众需要解决的许多问题。例如，遍布上海的5500余个代表之家、代表联络站、代表联系点，成了人大代表联系人民群众的民意窗、连心桥。依托"家、站、点"平台，人大代表推动解决旧房修缮、加装电梯、公交优化等一批群众急难愁盼问题。近5年来，有4.3万人次各级人大代表通过"家、站、点"联系人民群众，了解反映群众呼声和期盼，推动一批涉及群众切身利益的问题得到解决，让人民群众感受到人大代表就在身边。上海市政协持续跟踪重大民生问题解决情况，连续3年聚焦旧区改造、旧住

---

① 《中国人民政治协商会议第十届全国委员会第五次会议文件》，人民出版社2007年版，第7页。
② 《依法监督 动真碰硬——十三届全国人大常委会监督工作出实招见实效》，新华网2023年3月1日。

房更新改造开展专项民主监督或专题监督。围绕16项民心工程实施情况，开展专题视察，813人次委员参加，形成1份总报告和16份分报告，提出485条意见建议，有力推动中共上海市委、上海市人民政府决策部署落地见效。①

上海市人大常委会在全市建立25个基层立法联系点，范围涵盖基层街道、行业组织、司法机关等。不仅人大立法，政府立法也更着力开门立法、民主立法，保证人民群众全链条参与立法各环节。在立项环节，通过网站、微信等多种途径向社会公开发布征求规章立项建议的通告；在审核环节，除向政府部门、相关单位完成两轮意见征求工作外，还会邀请行业协会、管理服务对象召开座谈会，并赴相关立法联系点听取群众意见，强化了基层群众对立法工作的直接有序参与，使政府立法更好地接地气、察民情、聚民智、惠民生。②

重庆市人大常委会坚持在法规立项、起草、论证、审议等环节拓展人民群众有序有效参与，建立代表议案建议、面向社会公众征集、收集社情民意等立法项目，选定工作机制，完善法规草案，公开征求公众意见和反馈机制，充分发挥基层立法联系点"民意直通车"作用，主动回应人民群众的需求和诉求，使立法更有效率、更有温度、更贴近民意。2018年至2022年，重庆市人大常委会制定法规和法规性决定42部，修订法规22部，审查批准单行条例9部，制定修订的每一部法规都满载民意，审议通过的物业管理、公共场所控制吸烟、生活垃圾管理、养犬管理等条例，都充分彰显了惠民利民的立法初心。

---

① 《努力打造全过程人民民主最佳实践地——上海市将全过程人民民主贯穿人民城市建设纪实》，《人民日报》2023年4月9日。
② 《努力打造全过程人民民主最佳实践地——上海市将全过程人民民主贯穿人民城市建设纪实》，《人民日报》2023年4月9日。

重庆市人大常委会坚持把以人民为中心作为人大监督工作的出发点、落脚点，紧扣人民群众急难愁盼问题，确定监督项目，广泛邀请人大代表和人民群众参与执法检查、专题询问和调研视察等活动，始终把维护人民权益、增进民生福祉落实到人大监督的全过程。近年来，市人大常委会坚持人大监督为人民，用法治力量及时回应人民群众关切和期盼，围绕养老、"双减"、学龄前儿童入园难、医保基金监管、高层建筑消防等热点问题开展监督，督促政府用心用情用力解决人民群众最关心最直接最现实的利益问题，把人大监督成效刻到人民的心坎上。重庆市五届人大常委会这五年共听取审议"一府一委两院"工作报告139项，开展工作评议5项、专题询问5项、执法检查28项，全方位督促有关方面依法履职，有效地维护了人民群众合法权益。

在"全链条"民主环节中，民主选举、民主协商、民主决策、民主管理、民主监督全面贯通，涵盖经济、政治、文化、社会、生态文明等各个方面，关注国家发展大事、社会治理难事、百姓日常琐事，具有时间上的连续性、内容上的整体性、运行上的协同性、人民参与上的广泛性和持续性，使国家政治生活和社会生活各环节、各方面都体现人民意愿、听到人民声音。人民的公共事务协商与管理、国家重大决策、公共权力监督等民主政治权利得到充分实现，人民主权落在实处，避免了西式民主的"空心化"现象。

（三）全方位的参与渠道

确保人民有序政治参与的广度、深度、质量和效果，有效落实和保障各项人民民主权利，是我国全过程人民民主的一个鲜明特色，也是新征程上进一步彰显全过程人民民主核心价值的重要路径。

民主的基本形式是公民参与，这是一个动态的过程。全过程人民民主不仅有全链条的民主制度载体，而且有全方位的民主参与渠道。人民代表大会和人民政治协商会议，都是人民全方位有序参与的主渠道。除了代表选举和每年召开"两会"之外，民主的过程并没有停止，代表委员的议案、提案都会被分门别类地汇集归纳，并交给各个政府职能部门进行研究，形成贯彻和落实的方案，对议案、提案的提出者给予回答、回应，有些还要形成相应的改进措施和具体政策。人民代表大会还探索出人民参与民主的实践形式，如立法联系点、民生实事票决制、代表联络站建设、代表述职制度、议案建议办理工作等。

协商民主是中国社会主义民主政治中独特的、独有的、独到的民主形式，是中国共产党和中国人民在推进民主建设过程中，为了防止国内形成价值对立、增加达成共识的成本而创造出来的。中国共产党通过协商民主，建立了中华人民共和国和人民民主政权，确立了中国共产党领导的多党合作和政治协商制度，充实和巩固了基层群众自治制度。协商民主的长期发展和深入实践，极大丰富了民主的形式、拓展了民主的渠道、深化了民主的内涵，有力提升了国家治理效能，彰显出全过程人民民主的独特优势。

以人民群众参与广泛商量为鲜明特点的协商民主，融入社会生活的各个方面，广泛协商、形成决策和达成共识。习近平总书记在庆祝中国人民政治协商会议成立65周年大会上指出："社会主义协商民主，应该是实实在在的、而不是做样子的，应该是全方位的、而不是局限在某个方面的，应该是全国上上下下都要做的、而不是局限在某一级的。"①这是对民主协商全方位性、全过程性的科学表达。中国特色社会主义政治协商制度通过广泛、多层、制度化发展,统筹推进政党协商、人大协商、政府协商、政协协商、人民团体协商、基层协商以及社会组织协商,反映出协商民主全过程和全领域特征。

协商民主的实现,可通过民主座谈会、民主恳谈会、利益协调会、民主听证会等机制和方式。通过全方位、多层次的协商民主制度设计,最大限度地保证广大人民群众尤其是基层人民参与政治生活。2020年9月17日,习近平总书记在湖南长沙主持召开基层代表座谈会,就"十四五"时期经济社会发展问计于民。农民工、快递小哥、乡村教师、网店店主等被请进会场。会上,习近平总书记的一席话饱含深情、意味深远——"大家都处在改革发展和生产一线,参与经济社会生活最直接,同群众联系最经常,对党的路线方针政策落地见效感知最真切,提出的意见和建议能够更加贴近基层实际、反映群众心声。"②

以人民代表大会和人民政治协商会议为主要参与渠道的全方位民主不是局限于某一个领域或某一个层级,而是贯通中央到地方各级部门,涵盖政治、经济、文化、科技等各个发展领域,广泛畅通各种利益要求和诉求进入决策程序的渠道,广泛形成人民群众参与各层次管理和治理的机制,广泛凝聚全社会推进改革发展的智慧和力量,共同服务于中国式现代化民主化进程。

---

① 习近平:《在庆祝中国人民政治协商会议成立65周年大会上的讲话》,人民出版社2014年版,第19页。
② 《"掌握调查研究这个基本功",总书记这样言传身教》,《人民日报》2023年4月23日。

（四）全覆盖的民主权利

"全覆盖"，主要包括三个方面：一是指空间意义上的覆盖，即民主权利是人人享有，而不是少数人或一部分人的专利，民主权利能够覆盖全国各省市区县村每个角落，任何职业、民族、阶层的人都能够同等共享经济社会发展的成果，从"一个都不能少"的脱贫攻坚，到世界最大规模的社会保障体制，人民的权利都得到保障；二是指时间意义上的覆盖，民主的过程并不是随着选举活动的结束而结束，而是持续性地存在，全面参与民主决策、民主监督等过程；三是指民主权利的覆盖，如人民群众知情权、参与权、表达权、监督权等，在中国共产党带领全国人民进行的伟大民主实践进程中，探索出许多有益经验，实现了人民群众知情权、参与权、表达权、监督权的全覆盖。

人大常委会的人民民主工作覆盖全国各个层级。从2021年上半年开始，新一轮县乡两级人大换届选举依法陆续展开，全国10亿多选民直接选举产生260多万名县乡两级人大代表，组成地方基层国家权力机关。各级人大代表来自人民、扎根人民、代表人民的优势和作用得到进一步发挥，在立法、监督、决定等工作中，广泛听取人民群众和各方面意见的渠道和形式不断丰富拓展。全国人大常委会法工委建立32个基层立法联系点，覆盖全国31个省、自治区、直辖市，辐射带动全国各地设立509个省级基层立法联系点和近5000个社区的市级基层立法联系点，丰富了全过程人民民主的生动实践，有利于立法工作和人大工作更好地接地气、察民情、聚民智、惠民生。①

---

① 《全过程人民民主是社会主义民主政治的本质属性（认真学习宣传贯彻党的二十大精神）》，《人民日报》2022年11月3日。

例如，重庆万州区创新的"五长制"是民主全覆盖的鲜明体现。"五长制"是以楼栋为最小单元，设置社区长、片区长、网格长、楼栋长、物业长，增强治理聚合度、提高治理灵敏度、强化治理保障度，有效解决基层治理力量少、效能低、不灵敏的问题，疏通问题反映渠道、办理流程。①

重庆市万州区城区面积110平方公里，城镇常住人口109.5万（2022年），下辖14个街道、110个城市社区。社会管理范围较广、管理单元和人口较多，基层社会治理难度大、任务重，网格力量不足。为破解治理难题，万州区按照"地域相邻、规模适度、全域覆盖、方便管理"原则，划分小网格和微网格，每个城市社区以自然街区、居民小组为单位划分片区，以300户至500户为单位划分网格，以35户至50户为单位划分楼栋，每个片区负责2个至4个网格，构建"社区、片区、网格、楼栋+物业"的"4+1"治理单元格局，将城区划分为334个片区、868个网格、9894个楼栋。按照就近就便、人熟地熟情况熟、便于管理服务的原则，采取自己荐、居民推、"两委"兼、社区选等方式，万州110名社区党组织书记担任社区长，并遴选334名社区专职干部担任片区长、868名党员骨干担任网格长、9894名离退休党员干部和居民代表担任楼栋长、573名物业公司人员担任物业长。由此，形成万个"五长"服务千个网格的基层治理格局。②

"民主"的概念，已浸润在中国人的日常生活之中。党的根本组织原则和领导制度是民主集中制，社会主义核心价值观蕴含民主，全人类共同价值蕴含民主，民事民提、民事民议、民事民决、民事民办、民事民评，正是全过程人民民主环节紧密、形式

---

① 《重庆万州：创新推出"五长制" 巧解基层治理难题》，《人民日报》2023年6月28日。
② 《重庆万州：创新推出"五长制" 巧解基层治理难题》，《人民日报》2023年6月28日。

丰富、覆盖广泛，保证和支持人民当家作主的生动写照。干部选拔任用需要民主推荐、民主测评，党员领导干部定期开展民主生活会。民主已经从价值理念转变为扎根中国大地的制度形态和治理机制，覆盖国家治理的各环节，体现在人民生活的各方面，中国人民真正成为国家、社会和自己命运的主人。

二、中国式现代化民主观的显著优势

全过程人民民主，符合中国国情和时代特征，适应中国发展要求，最能体现中国共产党全面领导的政治优势，最能广泛反映人民群众的民主意志和政治要求、保障人民群众的根本利益，最能有效维护国家统一、民族团结、社会稳定，最能形成集中力量办大事的优势，对于推动我国社会主义现代化事业不断向前发展具有重要意义。

（一）党的全面领导的政治优势

全过程人民民主的最大优势，就是把党的全面领导、国家意志和人民利益紧密联系成为一个有机整体，为党和人民协同发力、最终实现人民当家作主奠定坚实的政治基础。同时，中国共产党与各民主党派、无党派人士和谐互动、同频共振、相互配合，形成了合作共赢、凝聚共识的新型政党关系。西方代议制则偷换了古希腊"直接民主"的概念，由利益集团轮流执政，导致严重的社会分化与矛盾。与西方民主制度相比，全过程人民民主打破了西方民主理念和理论框架，创造了全新的民主范式。

坚持党的领导，在民主政治实践过程中发挥党的中心功能和统领优势，能有效防止群龙无首、一盘散沙、效率低下的现象。习近平总书记指出："党中央权威是危难时刻全党全国各族人民迎难而上的根本依靠。"①"治理好我们这个世界上最大的政党和人口最多的国家，必须坚持党的集中统一领导，维护党中央权威，确保党始终总揽全局、协调各方。"②党的十九届六中全会通过的《中共中央关于党的百年奋斗重大成就和历史经验的决议》提出："党确立习近平同志党中央的核心、全党的核心地位，确立习近平新时代中国特色社会主义思想的指导地位，反映了全党全军全国各族人民共同心愿，对新时代党和国家事业发展、对推进中华民族伟大复兴历史进程具有决定性意义。"③党的十八大以来，我们党采取一系列战略性举措，推进一系列变革，实现一系列突破性进展，取得一系列标志性成果，攻克了许多长期没有解决的难题，办成了许多事关长远的大事要事，根本原因是有习近平总书记掌舵领航，有习近平新时代中国特色社会主义思想科学指引。中国共产党是领导我们事业的核心力量。在中国共产党百余年奋斗的历史经验中，首要的一条就是坚持党的领导；前进道路上必须牢牢把握的重大原则，首要的一条就是坚持和加强党的全面领导。

党的全面领导离不开坚强有力的党的组织体系。习近平总书记指出："严密的组织体系，是马克思主义政党的优势所在、力量所在。"④在工作实践中，健全落实党中央对重大工作的领导体

---

① 国务院研究室编写组：《十三届全国人大四次会议〈政府工作报告〉辅导读本（2021）》，人民出版社、中国言实出版社2021年版，第3页。
② 《中共中央关于党的百年奋斗重大成就和历史经验的决议》，人民出版社2021年版，第65页。
③ 《中国共产党第十九届中央委员会第六次全体会议公报》，人民出版社2021年版，第10页。
④ 习近平：《贯彻落实新时代党的组织路线 不断把党建设得更加坚强有力》，《求是》2020年第15期。

制，强化党中央决策议事协调机构职能作用，完善推动党中央重大决策落实机制，严格执行向党中央请示报告制度。与此同时，健全落实维护党的集中统一的组织制度，形成党的中央组织、地方组织、基层组织上下贯通、执行有力的严密体系，实现党的组织和党的工作全覆盖，为党中央对社会主义现代化建设的集中统一领导提供坚实组织保障。

中国体量巨大、国情复杂，有14亿多人口，有位居世界第三的国土面积，有56个民族，生产力发展具有多层次特征，各地经济社会发展情况差异大，现在处在快速地发展变化的社会主义初级阶段，社会结构处在深刻变革期，社会矛盾易发多发，治理难度世所罕见。没有集中统一、坚强有力的领导力量，中国将走向分裂和解体，给人类带来灾难。美国政治学家乔尔·S.米格代尔（Joel S. Migdal）在《强社会与弱国家：第三世界的国家社会关系及国家能力》中提出"强社会、弱国家"的困局，并根据具体案例指出，非洲国家的乡土社会自治程度高的状况产生负面影响：屏蔽了国家政权的渗透，这种社会控制的碎片化导致国家权力出现真空，使国家的政策执行难度加大。这一实例从另一个方面表明，党在国家政权中牢牢掌握领导权的重要性。

与其他一些西方国家政党妥协于资本集团而损害其他社会群体利益，为上台执政而做不负责任许诺的做法相比，长期执政的中国共产党处在总揽全局、协调各方的中枢地位，是中国式现代化进程中民主建设的定海神针。从加强党的全面领导、推进党的建设制度改革，到打好防范化解重大风险、精准脱贫、污染防治三大攻坚战；从推进京津冀协同发展、长江经济带发展、长三角一体化发展、粤港澳大湾区建设，到推动黄河流域生态保护和高质量发展，高标准、高质量建设雄安新区，推动成渝地区双城经济圈建设……习近平总书记对关系新时代党和国家事业发展的一系列重大理论和实践问题进行了深入调研和深邃思考，提出一系列原创性的治国理政新理念新思想新战略。党的全面领导，能够有效团结各方面人士投身社会主义现代化建设事业，团结带领中国人民朝着中华民族伟大复兴的宏伟目标不懈奋斗。

（二）激发人民创造活力的民心优势

全过程人民民主有效体现人民意志、保障人民权益，注重依靠人民群众，尊重人民主体地位，重视加强和创新社会治理，问政于民、问需于民、问计于民，有效调动人民群众的积极性、主动性、创造性，有效推动经济发展和社会进步，为中国式现代化提供了源源不断的精神动力。

全过程人民民主所关注与应对的问题，并不局限于某个单一领域，经济发展、社会治理、老百姓急难愁盼问题等都可以纳入议事日程。中国法律规定，各类基层组织都要通过一定形式组织成员参与民主管理。在党政机关、企事业单位和其他社会组织，工会都会定期组织召开职工代表大会，对事关职工利益的重要事项进行研究讨论；在社区和农村，通过召开居民代表大会和村民代表大会，决定和管理辖区范围内的公共事务和公益事业。事实上，在中国无论你从事什么职业、无论你住在哪里，都有参与国家和社会管理的机会和渠道，"人人都是主人翁"绝对不是一句空话。

2021年2月25日，习近平总书记在全国脱贫攻坚总结表彰大会上的讲话中强调："只要我们始终坚持为了人民、依靠人民，尊重人民群众主体地位和首创精神，把人民群众中蕴藏着的智慧和力量充分激发出来，就一定能够不断创造出更多令人刮目相看的人间奇迹！"①2023年2月7日，习近平总书记在学习贯彻党的二十大精神研讨班开班式上的重要讲话中强调："党的领导凝聚建设中国式现代化的磅礴力量。现代化的最终目标是实现人自由而全面的发展。中国式现代化是亿万人民自己的事业，人民是中国式现代化的主体，是全面建成社会主义现代化强国的决定性力量。只有紧紧依靠人民，尊重人民创造精神，汇集全体人民的智慧和力量，才能推动中国式现代化不断向前发展。"②尊重人民群众在推进社会发展进步中的主体地位和首创精神，尊重和维护人民的主人翁地位和主人翁精神，把蕴藏在人民群众之中的不竭创造力量释放出来，把蕴藏在人民群众中的智慧更好地释放出来，就能够获得无穷的动力和活力。

全过程人民民主，真正把发展为了人民、发展依靠人民、发展成果由人民共享落到实处，充分调动起人民的主观能动性，这是中国之治的"密码"，是中国民主的力量。在中国，任何一项关乎全局的重大决策，都是经过充分的民主程序，最大限度地征询各方面的意见建议作出的，人民既是民主的参与者，也是民主的受益者。全过程人民民主把国家、民族和个人的利益凝结在一起，极大增强了人民的主人翁意识，充分激发了人民的智慧力量；全过程人民民主，汇聚众智，调动人民群众积极性，在平衡、协调、包容的高质量发展中，实现全体人民共同富裕；全过程人民民主，坚持在高质量发展中"赋能"于人，促进人的全面发展和社会的全面发展；全过程人民民主，坚持民主集中制，凝聚共识，科学决策，团结一切可以团结的力量攻坚克难，塑造中

---

① 习近平：《论把握新发展阶段、贯彻新发展理念、构建新发展格局》，中央文献出版社2021年版，第520页。
②《习近平新时代中国特色社会主义思想学习纲要（2023年版）》，学习出版社、人民出版社2023年版，第57页。

国全面建成社会主义现代化强国的未来。

具体而言，全过程人民民主把党的主张、国家意志、人民意愿紧密融合在一起，使得党、国家和人民成为目标相同、利益一致、相互交融、同心同向的整体，产生极大耦合力。正是因为中国共产党能够真正代表人民，人民也相信中国共产党和中国政府，历史和人民才选择了中国共产党。改革开放以来，全过程人民民主激发人民的积极性、主动性、创造性，将民主的制度优势转化为治理效能，相继建成三峡水利枢纽、青藏铁路、载人航天、高速公路网、高速铁路网、西气东输、南水北调、特高压电网等许多国家重大工程。其中，南水北调工程，经过50年的充分论证，50多个方案的科学比选，24个国家科研设计单位、沿线44个地方跨学科、跨部门、跨地区联合研究，近百次国家层面会议，院士110多人次献计献策，专家6000多人次参加论证后，从构想到实现的路径一步步清晰。建设过程中，中国科技工作者攻坚克难、科学创新，数十万建设者矢志奋斗、顽强拼搏；43.5万移民群众顾全大局，无私奉献；各地区各部门和衷共济、团结协作，形成了实施重大跨流域调水工程的强大合力，最终确保了南水北调主体工程按时完成建设任务、质量总体优良。①中国南水北调工程全面通水8年多来，东、中线一期工程累计从南向北方调水654亿立方米，受益人口达1.76亿人，40多座大中型城市的经济发展格局因调水得到优化，同时推动复苏受水区河湖生态环境，发挥了巨大的经济、社会和生态效益。

中国式现代化是在人类社会面临前所未有的挑战的背景下进行的，是在中国全面深化改革开放过程中各种矛盾冲突激荡的情

---

① 《集中力量办大事——汇聚磅礴伟力协同攻坚克难》，《中国南水北调报》，2021年12月12日第5版。

况下进行的，人口规模巨大是中国式现代化的鲜明特征，也是中国式现代化的复杂性所在。只有紧紧依靠人民，团结人民，以人民为中心，人民的积极性、主动性、创造性才能得到充分调动，社会生产力和社会活力才能得到充分释放，中国式现代化的民主进程才能顺利推进。

（三）凝聚起团结奋斗的力量优势

中国共产党人从事的事业是伟大的事业。伟大的事业必然是为大多数人、依靠大多数人的，因而伟大的事业离不开共同奋斗。只有把最广大人民群众动员和组织起来共同奋斗，伟大事业才能成功。习近平总书记强调，"团结奋斗是中国人民创造历史伟业的必由之路"[①]。这一重要论断强调的是中国人民创造历史伟业的力量源泉，回答的是实现目标必须具备怎样的精神状态、精神风貌的问题。坚持团结就是要凝聚最大共识，团结一切可以团结的力量，调动一切可以调动的积极因素，形成实现中华民族伟大复兴的最大同心圆。团结奋斗是中国共产党人、中国人民、中华民族锤炼铸就的宝贵精神品质，是我们取得胜利的根本保证。

团结是中国共产党人永恒的精神品格，奋斗是中国共产党人永恒的精神状态，团结奋斗是中国共产党人永恒的精神财富。"浴血奋战、百折不挠""自力更生、发愤图强""解放思想、锐意进取""自信自强、守正创新"是中国共产党人团结带领中国人民形成的奋斗精神和奋斗状态。在英勇顽强的团结奋斗中，中国共产党和中国人民演绎了撼天动地的伟大历程，书写了中华民

[①] 习近平：《高举中国特色社会主义伟大旗帜 为全面建设社会主义现代化国家而团结奋斗——在中国共产党第二十次全国代表大会上的报告》，人民出版社2022年版，第70页。

族几千年历史上最恢宏的壮美史诗。毛泽东曾指出,"团结全国一切可能团结的力量"①,"艰苦奋斗是我们的政治本色"②。习近平总书记指出:"只要我们紧密团结,万众一心,为实现共同梦想而奋斗,实现梦想的力量就无比强大。"③团结奋斗是党和人民尊崇的基本价值观,是开辟美好未来的内在动力。

中国共产党之所以有力量,中国之所以有力量,就在于中国共产党和中国政府始终发扬社会主义民主,坚决巩固发展团结的政治局面,把统一战线摆在重要位置,统筹做好民主党派和无党派人士工作、党外知识分子工作、民族工作、宗教工作、非公有制经济领域统战工作、新的社会阶层人士统战工作、港澳台统战工作、海外统战工作和侨务工作,广泛凝聚共识,广聚天下英才,团结一切可以团结的力量、调动一切可以调动的积极因素,维护国家统一和民族团结。

中国共产党领导的爱国统一战线、多党合作和政治协商制度,充分地凝聚共识,形成治国理政的强大合力。全国政协第十四届一次会议共有委员2169人出席,来自34个界别,其中,非中共委员占60.8%,56个民族都有委员。这样的组合构成,体现了全过程人民民主大团结大联合,有事多商量、做事多商量,汇聚众智的制度特点。每年年末,中共中央都在中南海召开党外人士座谈会,就当年经济形势和第二年经济工作听取各民主党派中央、全国工商联负责人和无党派人士代表的意见和建议。在2022年12月的座谈会上,各民主党派、全国工商联、无党派人士代表就推动长江黄河流域纵向协同发展、提升底层技术研发能力、

---

① 《毛泽东传》第2册,中央文献出版社2011年版,第717页。
② 《毛泽东文集》第7卷,人民出版社1999年版,第162页。
③ 习近平:《在第十二届全国人民代表大会第一次会议上的讲话》,人民出版社2013年版,第4页。

加强科技人才引进、推进绿色低碳发展、调动和保护民间投资积极性、完善平台经济税收治理、提振居民消费意愿、打好高质量就业"组合拳"、优化精准防控疫情举措、深化两岸融合发展等提出意见和建议。

在解决问题中凝聚共识,在化解矛盾中增进团结,彰显全过程人民民主的有效性。中国用几十年时间走完了发达国家几百年走过的工业化历程。在这几十年剧烈的社会变革中,国内既没有经历过战争,也没有出现过大的冲突和纷争,也没有发生发展中国家在现代化进程中容易出现的社会动荡,创造了经济快速发展和社会长期稳定两大奇迹。其中很重要的一个原因,就在于全过程人民民主能够起到"一锚定乾坤"的作用,确保国家政权高度稳定,强化全体人民关于统一国家的意识,不断增强政治认同、思想认同、理论认同、情感认同,切实防止在西方民主实践中容易出现的一盘散沙、党争纷沓、相互倾轧、民族隔阂、民族冲突等现象,从而有效维护国家独立自主、国家统一和民族团结,不断增强民族凝聚力。

(四)集中力量办大事的制度优势

中国实行的是民主集中制。民主集中制是中国根本政治制度的最大优势。民主集中制,主要是指政治力量和制度的集中,这是有效民主的前提,也是国家发展和人民民主的保障。习近平总书记指出:"我们要坚持和完善中国共产党领导的多党合作和政治协商制度,加强社会各种力量的合作协调,切实防止出现党争纷沓、相互倾轧的现象。我们坚持和完善民族区域自治制度,巩固平等团结互助和谐的社会主义民族关系,促进各民族和睦相处、和衷共济、和谐发展,切实防止出现民族隔阂、民族冲突的现象。我们坚持和完善基层群众自治制度，发展基层民主，保障人民依法直接行使民主权利，切实防止出现人民形式上有权、实际上无权的现象。我们坚持和完善民主集中制的制度和原则，促使各类国家机关提高能力和效率、增进协调和配合，形成治国理政的强大力量，切实防止出现相互掣肘、内耗严重的现象。"①

中国的现实国情决定，如果没有党的全面领导，没有坚持民主集中制，民主就可能变成国家和民族分裂的消极力量。美国宣扬的所谓保障人民权利的民主体制，是"联邦政治体制"（federal political systems），权力分别由地方、州和国家掌管；同时，宪法将政府的权力分配给一系列制衡机制：行政分支（以总统为首），立法分支（以国会为首），司法分支（以最高法院为首）。这种设计表面上体现了政府的"民有、民治、民享"（of the people, by the people, for the people）的思想，但这种体制存在的最大问题是缺乏效率，民主的耗散性制约了有效性，联邦政府与州政府之间相互推诿，各州政府之间各自为政。大多数资产阶级利益集团意见接近时，联邦制既能保护州的灵活性，又能保证中央的权威；当资产阶级利益集团之间矛盾重重时，联邦制就处于低效运转之中。

中国集中力量办大事的制度优势，体现在新中国成立以来经济社会发展的历史进程中。新中国成立后，在经济极端困难、技术基础薄弱、遭遇封锁等严峻条件下，中国共产党带领人民发挥人民民主的制度优势，集中力量攻坚克难，研制"两弹一星"、勘探和开发大庆油田等，用几十年时间初步建立起独立、比较完整的工业体系和国民经济体系，为中国此后成为制造业第一大国

---

① 习近平：《在庆祝全国人民代表大会成立60周年大会上的讲话》，人民出版社2014年版，第21页。

打下了坚实基础。改革开放以来，通过民主集中制把党的主张、国家意志、人民意愿紧密结合在一起，实现各方面在共同思想、共同利益、共同目标基础上的团结一致，形成集中力量办大事的制度优势。这种集中，是在民主基础上的集中，实行民主基础上的集中和集中指导下的民主相结合。这种集中，不是为了一人、一党、一集团的私利，而是为了统筹安排资源，有效推进国家现代化建设、应对各种风险挑战。全过程人民民主形成的集中力量办大事的制度优势，有效促进了社会生产力解放和发展，促进了现代化建设各项事业的飞速发展；使中国克服了经济社会发展过程中的"撒胡椒面"现象，有利于资源效用最大化。

中国集中力量办大事的显著优势，体现在抗洪抢险、抗击非典、抗震救灾、抗击新冠肺炎疫情等考验中，让中国多次在较短时间能战胜风险挑战。通过民主集中制的办法，广开言路，博采众谋，凝心聚力，有利于形成人民群众广泛参与各层次管理和治理的机制，有效克服人民群众在国家政治生活和社会治理中无法表达、难以参与的弊端，有利于促进国家长治久安。

中国发展的目的是赢得尊严、安全和未来，让历经苦难的中国人民过上美好幸福生活。在实现这个目标的过程中，中国自然而然地发展强大起来了。中国在过去几十年里，经济保持了高速增长，若是没有民主政治建设作保障，没有社会的稳定发展，这样的速度是不可想象的。从促进经济社会的发展进步，保证发展成果为广大人民所享用角度看，中国的民主制度无疑是有明显优势的。中国的制度安排，能够有效保证人民享有更加广泛、更加充实的权利和自由，保证人民广泛参与国家治理和社会治理；能够有效调节国家政治关系，发展充满活力的政党关系、民族关系、宗教关系、阶层关系、海内外同胞关系，增强民族凝聚力，形成安定团结的政治局面；能够集中力量办大事，有效促进社会生产力解放和发展，促进现代化建设各项事业，促进人民生活质量和水平不断提高；能够有效化解社会矛盾，应对风险挑战，维护国家独立自主，有力维护国家主权、安全、发展利益，维护中国人民和中华民族的福祉。

习近平总书记强调，"我们最大的优势是我国社会主义制度能够集中力量办大事。这是我们成就事业的重要法宝"[①]。今天的中国，人权得到充分尊重和有效保障，中国人民的获得感、幸福感、安全感不断提升，生存权、发展权、健康权得到充分保障，经济、政治、文化、社会、环境等方面权利不断发展，人民享有权利的内涵不断丰富、外延不断拓展。只要不断发展全过程人民民主，把全过程人民民主的特质和优势充分发挥出来，中国人民就一定能在中国式现代化进程中为人类政治文明进步作出充满中国智慧的中国贡献。

---

① 《习近平谈治国理政》第2卷，外文出版社2017年版，第273页。

第五章

最广泛、最真实、最管用的人民民主

如何评价一个国家政治制度是不是民主的、有效的？习近平总书记在2021年中央人大工作会议上用"八个能否"作出深刻回答："国家领导层能否依法有序更替，全体人民能否依法管理国家事务和社会事务、管理经济和文化事业，人民群众能否畅通表达利益要求，社会各方面能否有效参与国家政治生活，国家决策能否实现科学化、民主化，各方面人才能否通过公平竞争进入国家领导和管理体系，执政党能否依照宪法法律规定实现对国家事务的领导，权力运用能否得到有效制约和监督。"①一个国家民主不民主，关键在于是不是真正做到了人民当家作主。习近平总书记提出"四个要看""四个更要看"的标准："要看人民有没有投票权，更要看人民有没有广泛参与权；要看人民在选举过程中得到了什么口头许诺，更要看选举后这些承诺实现了多少；要看制度和法律规定了什么样的政治程序和规则，更要看这些制度和法律是不是真正得到了执行；要看权力运行规则和程序是否民主，更要看权力是否真正受到人民监督和制约。"②习近平总书记还提出，发展社会主义民主政治，要做到"六个切实防止"："切实防止出现群龙无首、一盘散沙的现象""切实防止出现选举时漫天许诺、选举后无人过问的现象""切实防止出现党争纷沓、相互倾轧的现象""切实防止出现民族隔阂、民族冲突的现象""切实防止出现人民形式上有权、实际上无权的现象""切实防止出现相互掣肘、内耗严重的现象"。③全过程人民民主，是人类历史上第一个把国家一切权力归属人民、让人民当家作主的民主形式、民主样态，是最广泛、最真实、最管用的人民民主。

---

① 习近平：《论坚持人民当家作主》，中央文献出版社2021年版，第82页。
② 习近平：《论坚持人民当家作主》，中央文献出版社2021年版，第335页。
③ 习近平：《论坚持人民当家作主》，中央文献出版社2021年版，第85—86页。

一、全过程人民民主是最广泛的人民民主

全过程人民民主的主体和依靠力量是人民，而人民是一个集合的概念，是指多数人的集合体，包括工人、农民、知识分子、干部、解放军指战员和其他社会主义劳动者、社会主义事业的建设者、拥护社会主义的爱国者、拥护祖国统一和致力于中华民族伟大复兴的爱国者在内的全体人民。在中国，民主不是少数人的特权，而是为最广大人民群众所享有，国家的一切权力属于人民。

公民参与，是衡量一个国家民主政治的主要指标。保证人民参与的广泛性和持续性，是发展社会主义民主的一个必要前提。根据第十四届全国人大代表相关数据，2977名代表具有的广泛代表性十分鲜明，保证了各地区、各民族、各方面都有适当数量代表的要求。其中，少数民族代表442名，占代表总数14.85%，全国55个少数民族都有十四届全国人大代表；归侨代表42名；连任代表797名，占代表总数26.77%；妇女代表790名，占代表总数26.54%，与上届相比提高1.64个百分点；一线工人、农民代表497名，占代表总数16.69%，提高了0.99个百分点，其中有56名农民工代表；专业技术人员代表634名，占代表总数21.3%，提高了0.73个百分点；党政领导干部代表969名，占代表总数32.55%，降低了1.38个百分点。香港特别行政区选出36名十四届全国人大代表，澳门特别行政区选出12名十四届全国人大代表。2023年1月16日至18日，台湾省出席第十四届全国人民代表大会代表协商选举会议在北京举行，选举产生13名十四届全

国人大代表。①这些数据表明，参政议政的代表具有广泛的代表性，能广泛体现基层群众的意志、利益与愿望。

制度是管根本、管长远的。通过一系列制度安排，让全体人民参与到国家治理活动之中，将人民意志有效转化为国家大政方针、政策，切实维护人民群众根本利益，"使国家政治和社会生活各环节、各方面都能体现人民意愿、听到人民声音，有效防止了选举时漫天许诺、选举后无人过问的现象"②。

以人民代表大会制度为例，这一制度的核心是保证国家的一切权力属于人民，人民通过人民代表大会这一组织形式参与国家事务的管理，行使当家作主的权利。第十三届全国人大常委会加强代表履职能力建设，做好十四届全国人大代表选举工作，指导县乡人大换届选举，依法民主选举产生277万名各级人大代表。他们都是被一人一票选举出来的，民主性、广泛性毋庸讳言。各级人大代表来自各民族、各行业、各阶层、各党派，具有广泛的代表性。为保证国家的权力真正掌握在全体人民手中，代表在履行职责时，必须反映和代表人民的利益和意志。人民通过人民代表大会统一行使国家权力，国家机关行使决策权、执行权、监督权，既合理分工又相互协调，有利于促使各类国家机关提高能力和效率、增进协调和配合，保证国家机关统一有效组织各项事业。

在国家政治生活中，实行中国共产党领导的多党合作和政治协商制度，民主党派对政府的重大方针政策、决策部署执行和实施情况进行民主监督，广泛开展协商民主。中国共产党与八个民主党派坚持"长期共存、互相监督、肝胆相照、荣辱与共"方

---

① 《2977名十四届全国人大代表具有广泛的代表性》，《人民日报》2023年2月25日。
② 《中国的民主》，《人民日报》2021年12月5日。

针,"共产党领导、多党派合作,共产党执政、多党派参政",以会议协商、约谈协商、书面协商等形式促进团结、推进多党合作、实践人民民主;巩固和发展最广泛的爱国统一战线,团结一切可以团结的力量,不断促进政党关系、民族关系、宗教关系、阶层关系、海内外同胞关系和谐,最大限度凝聚起中华民族一切智慧和力量。中国人民政治协商会议是中国人民爱国统一战线的组织,在中国共产党领导下,由中国共产党、八大民主党派以及无党派民主人士、人民团体、各少数民族和各界代表,台湾同胞、香港同胞、澳门同胞和归国侨胞的代表及特别邀请人士,共34个界别组成。这样的组织构成,能够在热爱中华人民共和国、拥护中国共产党的领导、共同致力于实现中华民族伟大复兴的政治基础上,最大限度凝聚起团结奋斗的强大力量。巩固和发展最广泛的爱国统一战线,团结一切可以团结的力量,不断促进政党关系、民族关系、宗教关系、阶层关系、海内外同胞关系和谐,最大限度凝聚起中华民族一切智慧和力量。

在民族地区,中国主张各民族一律平等,以领土完整、国家统一为前提和基础,在各少数民族聚居的地方实行民族区域自治。目前,中国共建立155个民族自治地方,其中自治区5个、自治州30个、自治县或者自治旗120个。民族自治地方行政区域的面积占到了全国总面积的64%。在民族自治地方的人民代表大会常务委员会中,均有实行区域自治民族的公民担任主任或者副主任;民族自治地方政府的主席、州长、县长或旗长,均由实行区域自治的民族的公民担任。中国根据各少数民族的特点和需要,帮助少数民族地区加速经济和文化发展。

在广大城乡,在基层党组织的领导和支持下,实行以村民自治制度、居民自治制度和职工代表大会制度为主要内容的基层群众自治制度，依法直接行使民主权利，保障人民知情权、参与权、表达权、监督权。通过广泛协商，基层群众利益得到协调，社会矛盾有效化解，促进了基层稳定和谐。

《中华人民共和国宪法》总纲第二条明确规定："中华人民共和国的一切权力属于人民。"中国共产党坚持科学执政、民主执政、依法执政，把人民利益、人民愿望、人民权益、人民福祉体现和反映在依法治国之中，保障和促进社会公平正义，最大限度反映民意、集中民智、凝聚民心，保障全体人民都能有效参与人民民主实践。在《中华人民共和国宪法》保障下，中国人民既广泛参与国家、社会事务和经济文化事业的管理，也在日常生活中广泛充分行使民主权利，每个人都有多重民主角色，都享有相应民主权利。人民既通过人大代表、政协委员或者亲身投入的方式参与国家发展顶层设计的意见建议征询，又通过民族区域自治、基层群众自治等制度化途径参与地方公共事务治理；既参与民主选举、民主协商，又参与民主决策、民主管理、民主监督；既通过人大基层立法联系点、国家信访部门等渠道表达意愿，又通过社会组织、网络等平台表达诉求。全面、广泛、有机衔接的人民当家作主制度体系，既保证人民在日常生活中广泛充分享有民主权利，又构建了多样、畅通、有序的民主渠道，有效保证党的主张、国家意志、人民意愿相统一。2020年5月28日，新中国成立以来第一部以"法典"命名的法律——《中华人民共和国民法典》在人民大会堂高票通过。民法典草案先后10次公开征求意见，征集到各方面意见100余万条。作为民事权利的宣言书，民法典的编纂再次证明：在我国，每一部法律都最大程度凝聚着社会共识，汇集着民情民意。①

健全的民主制度，丰富的民主形式，畅通的民主渠道，有力保证了全过程人民民主的广泛性。最广大的人民，最广泛的参与，每个人都是社会主义民主的建设者、参与者、维护者和最大受益者。人民广泛参与民主的主要目的，是实现政治利益的最大化，满足安全、秩序、福利、公平、正义等基本需要，而人民的广泛参与能够创造新的民主形式，影响各级政府的政策，改善地方的治理结构，推动国家的制度建设和创新，这是其积极性的一面。但是，也必须认识到，一个国家的民主程度并不完全取决于公众参与的规模，还受到监督程度与政治控制的影响。大规模非制度化参与式民主会产生一些问题，如网络民主中少数人通过"网络暴力""网络谣言"等方式建构和曲解网络民意，可能造成无政府状态，甚至会引起政权动荡，这在许多发展中国家是有着深刻教训的。虽然随着网络法治化的提高与完善，制度性公民网络参与的规模会越来越高，非制度化无序网络参与的情况会越来越少，但是，这个过程应是渐进的，必须审慎推进。

二、全过程人民民主是最真实的人民民主

全过程人民民主不搞"民主秀"，它保证党和国家每一项立法、决策都体现人民意志、符合人民意愿，是最真实的民主。这主要体现在人民民主不仅具有相应制度体系的支撑，还有稳定的法律和物质保障，人民能够切实管理自己的国家。如果人民只有

---

① 《最广泛、最真实、最管用的民主——习近平总书记引领发展全过程人民民主》，《人民日报》2023年3月3日。

在投票时被唤醒、投票后就进入休眠期，只有竞选时聆听天花乱坠的口号、竞选后就毫无发言权，只有拉票时受宠、选举后受冷落，这样的民主不是真正的民主。

（一）在调查研究中倾听真实的声音

调查研究是施行民主的好渠道、倾听群众声音的好方法。调查研究就是要"和群众坐一条板凳"，让群众打开话匣子、说出真心话。坐上老乡炕头，有了拉家常的氛围，大家就愿意掏心窝子。① 习近平总书记指出："群众的很多想法，往往不是在那些很正式的场合、当着很多人的面会讲出来的，而是要同他们身挨身坐、心贴心聊才能听得到。"② "既要到工作局面好和先进的地方去总结经验，又要到困难较多、情况复杂、矛盾尖锐的地方去研究问题，特别是要多到群众意见多的地方去，多到工作做得差的地方去，既要听群众的顺耳话，也要听群众的逆耳言。"③

在北京考察调研时，习近平总书记在雨儿胡同的大杂院听取老街坊对老城区改造的想法；在四川大凉山深处的土坯房，同大伙儿围坐在火塘边谋划精准脱贫之策；在甘肃定西元古堆村，走进村民马岗家破旧低矮的土坯房……党的十八大以来，习近平总书记一次次倾听民声、一次次问计于民，为全党重视调研、深入调研、善于调研树立了光辉典范。2013年7月，习近平总书记在湖北武汉主持召开部分省市负责人座谈会时指出："调查研究是谋事之基、成事之道，没有调查，就没有发言权，更没有决策

---

① 向贤彪：《把调查研究做深做实》，《人民日报》2023年5月10日。
② 习近平：《在党的群众路线教育实践活动总结大会上的讲话》，人民出版社2014年版，第28页。
③ 《"掌握调查研究这个基本功"，总书记这样言传身教》，《人民日报》2023年4月23日。

权。"①2021年，习近平总书记在中央党校（国家行政学院）中青年干部培训班开班式上指出，要了解实际，就要掌握调查研究这个基本功。②调查研究是倾听人民真实声音的有效途径与方法。开展调查研究，就要让调查对象讲真话、讲实话、讲心里话。真正把情况摸清、把问题找准、把对策提实，不断提出真正解决问题的新思路新办法。例如，精准扶贫战略就是习近平总书记在深入调查研究的基础上提出来的。习近平总书记曾说过："年年去、常常去，直接到贫困户看真贫、扶真贫，直接听取贫困地区干部群众意见，不断完善扶贫思路和扶贫举措，不断推进工作，带着感情去抓，带着践行宗旨的承诺去抓，最终在全党全国共同努力下打赢了脱贫攻坚战。"③

党的十八大以来，党中央各项决策都严格执行民主集中制，都注重充分发扬党内民主，都是经过深入调查研究、广泛听取各方面意见、进行反复讨论而形成的。2022年2月，习近平总书记对党的二十大相关工作网络征求意见活动作出重要指示；6月至8月，习近平总书记先后在成都、沈阳、北京主持召开五场党的二十大报告起草和党章修改工作征求意见座谈会；8月，习近平总书记当面听取各民主党派、全国工商联和无党派人士对党的二十大报告征求意见稿的意见……全党意志、人民意愿，凝聚于党的二十大报告。

事实证明，在调查研究中广泛听取人民群众各方面的意见和

---

① 《习近平在武汉召开部分省市负责人座谈会时强调　加强对改革重大问题调查研究 提高全面深化改革决策科学性》，《人民日报》2013年7月25日。

② 《习近平在中央党校（国家行政学院）中青年干部培训班开班式上发表重要讲话强调　信念坚定对党忠诚实事求是担当作为　努力成为可堪大用能担重任的栋梁之才》，《人民日报》2021年9月2日。

③ 《"掌握调查研究这个基本功"，总书记这样言传身教》，《人民日报》2023年4月23日。

需求，是推进全过程人民民主的好思路、好方法，是中国民主观的独有特征与独特魅力。

（二）构建系统、广泛、有序的参与渠道

在中国历史上，生活在社会底层的民众与国家当政者之间缺乏有效沟通、上下贯通的民主参与渠道，民众的声音难以传达到庙堂之上，当政者的政策也很难贯彻到底层民众。与之相比，全过程人民民主的真实性，体现在民主选举、民主协商、民主管理、民主决策、民主监督等各个环节，有完备的制度、有具体的实践，能够提供畅通有序的民主渠道，保证选民或者选举单位有效行使民主权利。

全过程人民民主，构建了系统的民主制度体系，能够从总体上为我国民主政治提供明确的发展方向、有序的发展空间和规范的行动逻辑。"从中央人民政府即国务院到基层的乡镇人民政府，从国务院各部、委、行、署到市县的职能局、办，构成了一个完整的组织系统，并呈现出不同的结构模式"，即由全国各级人民政府的排列组合所呈现出的"金字塔式结构"、由政府职能部门的纵向分工所呈现出的"纵向垂直结构"、由同级政府机关之间和政府机关内部各同级部门之间的横向合作所呈现出的"横向并列结构"。就中国共产党的组织体系来看，已经形成了包括党的中央组织、地方组织、基层组织在内的严密的组织体系。除此之外，中国国家机构还包括人民代表大会组织系统、法院和检察院组织系统和相对独立的军事组织系统。①

全过程人民民主将有效的民主参与渠道广泛内化在日常生活

---

① 王彩云、孙成豪、王雅迪：《中国特色社会主义民主建设中的价值理性和工具理性》，人民出版社2018年版，第110页。

中，为人民经常、广泛、有序地参与国家治理、社会治理提供畅通渠道。在今天的中国，人民的期盼、希望和诉求，从国家大政方针，到社会治理，再到人民的衣食住行，都有地方说、说了有人听、听了有反馈。中国人民不仅可以通过人大、政协等渠道表达意愿，还可以通过听证会、电视网络问政、政务公开、领导热线、监督举报和意见征集等方式，表达自己的意见建议。"小院议事厅""屋场恳谈会""协商议事室"……人民通过各种民主形式，表达真实的关切、真实的诉求，真正参与到国家治理中来。

日渐标准化和专业化的民主程序，为全过程人民民主提供了运行通道和实现形式。例如，从2020年成立上海市人民建议征集办公室，迄今全市16个区都有了人民建议征集办，上海密织线上线下、多元立体的征集网络，推动征集渠道进社区、进企业、进高校、进机关，征集体系融入全市215个街镇、6400多个村居"家门口"服务体系。一大批人民群众的"金点子"转化为城市治理的"金钥匙"，结出便民利民的"金果子"。①

2020年4月，上海市人民建议征集信箱收到一封特别的市民来信。来信说，希望提高上海市"十四五"规划编制的透明度和社会公众参与度，真正让编制过程成为凝聚共识、汇聚智慧的过程。从网上到网下，这条人民建议很快推动了上海市"开门编规划"的主动征集。上海市"十四五"规划广泛征集建议期间，先后收到社会各界建言2万余条，相关建议被写入规划。据了解，为主动征集相关人民建议，上海市、区征集办联合70余家职能部门，开展专题活动150余次，收到建议超过3万条。"信访是送上门来的群众工作，要通过信访渠道摸清群众愿望和诉求，找到

---

① 《努力打造全过程人民民主最佳实践地——上海市将全过程人民民主贯穿人民城市建设纪实》，《人民日报》2023年4月9日。

工作差距和不足，举一反三，加以改进，更好为群众服务。"为贯彻落实习近平总书记这一重要指示，上海通过人民建议征集把"诉求"变"建议"，各级党委政府能够更加及时、更加深入地了解群众所思、所想、所盼，化"被动"为"主动"，将信访矛盾化解在源头。"为民办事从'自己说好'到'大家叫好'，人民建议征集的过程成为精准对接需求、寻求理解认同的过程。"上海市信访办副主任张俐蓉介绍，人民建议征集制度有力保障了人民群众对城市发展和治理的知情权、参与权、表达权和监督权。①

2020年8月16日至29日，"十四五"规划编制工作开展网上意见征求。这是我国五年规划编制史上，第一次通过互联网向全社会征求意见和建议。广大人民群众踊跃参与，留言100多万条，有关方面从中整理出1000多条建议；民法典草案编纂过程中，先后10次公开征求意见，累计收到42.5万人提出的102万条意见和建议……时代在发展，调查研究方法也要与时俱进。习近平总书记指出："网民来自老百姓，老百姓上了网，民意也就上了网。群众在哪儿，我们的领导干部就要到哪儿去，不然怎么联系群众呢？"②

全过程人民民主的效率、效果和能力，既取决于民主政治所体现的理念、原则和价值，即民主政治的价值理性，还取决于民主政治在现实中的实际运行及其绩效，即民主政治的效率和能力。全过程人民民主的制度渠道、参与程序有效降低了沟通成本，提高了沟通效率，有效协调了公共利益、群体利益以及个人利益。

---

① 《努力打造全过程人民民主最佳实践地——上海市将全过程人民民主贯穿人民城市建设纪实》，《人民日报》2023年4月9日。
② 习近平：《在网络安全和信息化工作座谈会上的讲话》，人民出版社2016年版，第7页。

(三)"有事好商量,众人的事情由众人商量"是人民民主的真谛

有事好商量,是中华民族优秀文化传统,"天下为公""兼容并蓄""求同存异""和而不同""和为贵"等思想为全过程人民民主提供了深厚的历史文化土壤。有事好商量,也是中国共产党的优良传统和作风,是中国共产党领导人民进行革命、建设、改革的一种工作方法和民主形式。毛泽东曾指出:"国家各方面的关系都要协商","我们政府的性格,你们也都摸熟了,是跟人民商量办事的","可以叫它是个商量政府"。①习近平总书记强调:"在中国社会主义制度下,有事好商量,众人的事情由众人商量,找到全社会意愿和要求的最大公约数,是人民民主的真谛。"②"我们坚持有事多商量,遇事多商量,做事多商量,商量得越多越深入越好,就是要通过商量出办法、出共识、出感情、出团结。"③习近平总书记在2023年新年贺词中指出,"中国这么大,不同人会有不同诉求,对同一件事也会有不同看法,这很正常,要通过沟通协商凝聚共识。14亿多中国人心往一处想、劲往一处使,同舟共济、众志成城,就没有干不成的事、迈不过的坎"④。这些重要论断,为如何使人民真正参与国家重大决策、形成共识提供了重要方法和路径。

中国特色社会主义进入新时代,问政问需问计于民,让各类诉求充分表达、各种意见充分交流、各方利益充分协调,才能确

---

① 《毛泽东文集》第7卷,人民出版社1999年版,第178页。
② 习近平:《在庆祝中国人民政治协商会议成立65周年大会上的讲话》,人民出版社2014年版,第13页。
③ 习近平:《在庆祝中国人民政治协商会议成立65周年大会上的讲话》,人民出版社2014年版,第14页。
④ 《国家主席习近平发表二〇二三年新年贺词》,《人民日报》2023年1月1日。

保各项决策部署更加符合客观实际和群众意愿。广州治水形势一度严峻，为保护广州母亲河——流溪河，当地发挥属地人大代表信息员、观察员、监督员作用和"家门口"监督优势，试行"一代表一河段"挂钩督办，如今流溪河流域水生态持续恢复；武汉市武昌区的春天里小区部分设备年久失修，因为有"月月谈"议事会，小区业委会、物业公司、党员干部、居民代表等多方参与，线上线下联动，最终就资金难题的解决方案达成共识。

有事好商量，是强调对经济、政治、文化、社会、生态文明中重要的问题进行对话、沟通、讨论、协商，然后取得共识，进行决策，使所作出的决策更加民主和科学，使国家政治生活和社会生活各环节、各方面都体现人民的意愿，避免发生大的失误。有事好商量，是以中国共产党为领导核心，众人的事情由众人商量，广开言路，集思广益，促进不同思想观点的充分表达和深入交流，做到相互尊重、平等协商、有序协商、真诚协商，形成既畅所欲言、各抒己见，又理性有度、合法依章的良好氛围，最终找到全社会意愿和要求的最大公约数。

三、全过程民主是最管用的人民民主

"管用"，主要指的是全过程人民民主的效率、效果和成效，具体是指通过人民当家作主的制度安排，让全体人民参与到国家治理活动之中，将制度优势、人民意志有效转化为国家大政方针、政策，切实维护人民群众根本利益。这一制度体系充分体现人民意志，最大程度保障人民权益，激发人民的创造活力，防止人民形式上有权实际上无权的现象，避免因相互掣肘而导致内耗严重，效率低下的弊端。

（一）人民是民主效果的历史评判者

民主的评价标准，始终是世界各国学者讨论的重要话题。美国政治学家塞缪尔·P.亨廷顿（Samuel P.Huntington）曾说过："各国之间最重要的政治分野，不在于他们政府的形式，而在于他们政府的有效程度。有的国家政通人和，具有合法性、组织性、有效性和稳定性，另一些国家在政治上则缺乏这些素质，这两类国家之间的差异比民主国家和独裁国家之间的差异更大。"① 是否能够建立中国式民主成效的评价标准，关系到民主自信与国际话语权的问题。

习近平总书记提出用"八个能否"来评价一个国家政治制度是不是民主的、有效的，提出一个国家的政治实践是否民主的四个"要看、更要看"标准，提出六个"切实防止"，归根到底，旨在发展社会主义民主政治，增加和扩大我们的优势和特点。在全过程人民民主的评价体系中，评价标准是由绝大多数人来判断和确立，以广大人民群众一致的意见为准。事关百姓生活利益关切的政策，事先征得人民的同意，要有百姓的参与。广大人民群众是最可靠、最公道、最权威的评价者，只有依靠广大人民群众，把广大人民群众视为进步"公众"、最终的裁判者，才可能"是非自有公论"，"公道自在人心"。

西方机构进行的民调数据显示，中国人民对中国政府的满意度每年都保持在90%以上。这是全过程人民民主强大生命力最真实的反映。哪个国家的民主好、哪个国家的民主不好，各国人民

---

① ［美］塞缪尔·P.亨廷顿：《变化社会中的政治秩序》，王冠华、刘为译，生活·读书·新知三联书店1989年版，第1页。

有最直接的感受,最有发言权。"八个能否"、四个"要看、更要看"、六个"切实防止",打破了西方民主评价标准的话语权垄断,为人类政治文明提供了新的尺度标准,展现了以习近平同志为核心的党中央对全过程人民民主的认识达到新的理论高度,是习近平总书记对马克思主义民主理论的创造性贡献。

(二)坚持问题导向,及时发现问题、解决问题

好的、管用的民主,必须基于自身的历史文化基础和现实国情。习近平总书记指出,"只有扎根本国土壤、汲取充沛养分的制度,才最可靠、也最管用"①,"一个国家的政治制度决定于这个国家的经济社会基础,同时又反作用于这个国家的经济社会基础,乃至起到决定性作用"②。全过程人民民主,就要根据中国实际国情和历史文化特点,坚持问题导向,聚焦实践中遇到的新问题、改革发展稳定存在的深层次问题、人民群众急难愁盼问题、国际变局中的重大问题、党的建设面临的突出问题,不断提出真正解决问题的新理念新思路新办法。习近平总书记一再强调,"我最牵挂的还是困难群众"③。在保障和改善民生过程中,从最突出的问题着眼,从最具体的工作抓起,全面解决好与老百姓紧密相关的医疗、就业、教育、住房、社会治安、环境等问题,加强创新社会治理,做好普惠性、基础性、兜底性民生建设,办人民满意的教育,切实解决人民迫切需要解决的难题,建

---

① 习近平:《在庆祝全国人民代表大会成立60周年大会上的讲话》,人民出版社2014年版,第16页。
② 习近平:《在庆祝全国人民代表大会成立60周年大会上的讲话》,人民出版社2014年版,第19页。
③ 《习近平新时代中国特色社会主义思想学习纲要(2023年版)》,学习出版社、人民出版社2023年版,第216页。

立健全社会保障制度,使人民群众的安全感、获得感、幸福感更加充实和可持续。

坚持问题导向,是马克思主义的鲜明特点,也是我们党重要的思想方法和工作方法。当前,我国的社会主要矛盾已经转变为人民日益增长的美好生活需要和不平衡不充分的发展之间的矛盾。以习近平同志为核心的党中央及时发现新时代社会主要矛盾的这种变化,指出:"带领人民创造美好生活,是我们党始终不渝的奋斗目标。必须始终把人民利益摆在至高无上的地位,让改革发展成果更多更公平惠及全体人民,朝着实现全体人民共同富裕不断迈进。"①

党的十八大以来,以习近平同志为核心的党中央,始终坚持问题导向,跟着问题走、奔着问题去、迎着困难上,通过调查研究的方法了解人民群众最关心、最直接、最现实的利益问题,以巨大的政治勇气、强烈的历史担当、有力的政策举措,探索出一系列理念、思路和办法,在实践中求真知,在探索中找规律,不断深化新认识、形成新经验,推动中国式现代化民主化取得新进展新突破。

(三)有效回应和解决人民之需

民意是现代政府回应的逻辑起点。所谓"回应",就是对人民参与愿望和利益诉求的响应。美国政治学家罗伯特·达尔(Robert Alan Dahl)认为,"民主的一个关键特征是政府持续回应其公民的偏好"②。但事实上,西方民主政府无法有效解决种族

---

① 《习近平关于尊重和保障人权论述摘编》,中央文献出版社2021年版,第37页。
② [美]罗伯特·达尔:《多头政体——参与和反对》,谭君久、刘惠荣译,商务印书馆2003年版,第11页。

冲突、宗教矛盾、贫富差距等问题，相反，它们对富人的回应程度更高。以美国为例，两党以赢得选举、获得执政权为根本目的，右翼政党在经济问题上采取财阀主义主张，不断扩大财团和超级富豪的利益，而不顾下层民众的福利。①西式民主实际上成了"无效的民主"。

中国的全过程人民民主，"起始于人民意愿充分表达，落实于人民意愿有效实现"②。及时、有效回应人民的愿望与诉求，是民主政治能够有效运行的政治保障。2015年6月16日，习近平总书记考察贵州省花茂村脱贫致富情况时强调："党中央的政策好不好，要看乡亲们是笑还是哭。如果乡亲们笑，这就是好政策，要坚持；如果有人哭，说明政策还要完善和调整。"③

全过程人民民主杜绝形式主义，始终以人民为中心和落脚点，要求人民利益既能畅通表达，也能表达得到回应，需要得以解决。如果人民意愿只能表达、不能实现，就不是真正意义的当家作主和民主。习近平总书记指出："让老百姓过上好日子是我们一切工作的出发点和落脚点。"④"历史总是在不断解决问题中前进的。我们党领导人民干革命、搞建设、抓改革，都是为了解决我国的实际问题。"⑤全过程人民民主不仅追求过程的民主性，还追求使人民的意愿诉求既能充分表达又能有效实现，推动人民的意愿和呼声成为党和国家的方针政策。

---

① ［美］雅各布·哈克，保罗·皮尔森：《推特治国：美国的财阀统治与极端不平等》，法意译，当代世界出版社2020年版，第48页。
② 《中国的民主》，《人民日报》2021年12月5日。
③ 《习近平扶贫论述摘编》，中央文献出版社2018年版，第35页。
④ 《习近平新时代中国特色社会主义思想学习纲要（2023年版）》，学习出版社、人民出版社2023年版，第210页。
⑤ 《习近平在中央党校（国家行政学院）中青年干部培训班开班式上发表重要讲话强调　立志做党光荣传统和优良作风的忠实传人　在新时代新征程中奋勇争先建功立业》，《人民日报》2021年3月2日。

从 2015 年起，上海虹桥街道成为全国人大常委会法工委设立的首批基层立法联系点之一，群众在家门口就能参与国家立法。基层立法联系点一方面要把"法言法语"转换成通俗易懂的语言，让基层群众谈得出问题、提得了建议；另一方面，基层群众"冒热气"的意见收集来了，还得在保持原意的基础上，将其转换为可供立法参考的精准表达。随着基层群众参与立法征询的热情越来越高、人群越来越广泛、提供的意见也越来越精准，呈现出立法建议数量和质量双提升、民主获得感和民生满意度双提升的良好发展态势。截至 2023 年 1 月，虹桥街道基层立法联系点共开展了 78 部法律的意见征集工作，归纳整理上报各类意见建议 1926 条，其中 163 条被采纳。①

全过程人民民主，注重追求可行性和高效性，致力于提高民主政治的效能，并对我国民主政治的高效运转发挥着日益突出的作用。党的十八大以来，以习近平同志为核心的党中央，以自我革命的勇气全面从严治党，带动了全过程人民民主的发展。《关于新形势下党内政治生活的若干准则》共有 12 条，其中 4 条与民主建设直接相关，明确提出"党内民主是党的生命，是党内政治生活积极健康的重要基础"，并对坚持和完善党内民主制度作了具体规定。《中国共产党党内监督条例》所强调的监督，实际上也是广大党员、干部的一项重要民主权利。②

在全党全社会公开征求意见是重视民意、回应民意的有效方式，也是全过程人民民主的生动体现。2019 年 10 月 31 日至 11 月 29 日，《中华人民共和国未成年人保护法（修订草案）》和《中

---

① 《努力打造全过程人民民主最佳实践地——上海市将全过程人民民主贯穿人民城市建设纪实》，《人民日报》2023 年 4 月 9 日。
② 《最广泛、最真实、最管用的民主——习近平总书记引领发展全过程人民民主》，《人民日报》2023 年 3 月 3 日。

华人民共和国预防未成年人犯罪法（修订草案）》公开向社会征求意见，最后共有约4.7万人提出超过5.7万条意见，未成年人的意见占近一半。2020年10月，全国人大常委会表决通过新修订的《中华人民共和国未成年人保护法》，删去了修订草案中对未成年人监护人缴纳保证金的有关规定。这一修改，来自一名普通中学生的建议。[①]2022年4月15日至5月16日，党的二十大相关工作网络征求意见活动开展。这是我们党历史上第一次将党的全国代表大会相关工作面向全党全社会公开征求意见。习近平总书记就研究吸收网民对党的二十大相关工作意见建议作出重要指示，"围绕党的全国代表大会相关工作开展网络征求意见，是全党全社会为国家发展、民族复兴献计献策的一种有效方式，也是全过程人民民主的生动体现"[②]。为构建现代能源体系、统筹推进碳达峰碳中和提出对策；建议推动教育高质量发展，培养高质量人才；为健全防止返贫动态监测和帮扶机制想办法……在人民群众广泛响应、积极参与下，活动期间共收集各类意见建议留言超过854.2万条、2.9亿字，体现出了建言数量、质量"双高"的特点。

近年来，重庆市积极践行和发展全过程人民民主重大理念，丰富民主形式、畅通民主渠道，持续深化全过程人民民主市域实践，为最广泛、最真实、最管用的民主提供了生动样本。2021年7月，沙坪坝区人大常委会成为全国人大常委会法工委第三批基层立法联系点。该基层立法联系点成立以来，先后就地方组织法等10部法律提出意见建议，已通过的4部国家法律中采纳了其32

---

① 林建华等：《中国的全过程人民民主》，中国社会科学出版社2022年版，第90页。
② 《推动中华民族伟大复兴号巨轮乘风破浪、扬帆远航——党的二十大报告诞生记》，《人民日报》2022年10月25日。

条相关建议。在践行和发展全过程人民民主过程中，南岸区坚持以党建为引领，通过健全联系群众工作机制、完善民生实事人大代表票决制、建立群众意见建议办理闭环机制，察民情、汇民智、解民忧，创新探索"三事分流"工作实践，将全过程人民民主融入基层社会治理日常，让群众可触可感。当前，南岸区已构建起以基层党组织为核心、群团组织为纽带、各类社会组织为依托、居民群众广泛参与的协同共治体系，形成了"大事政府牵头快办、小事多元协商共办、私事引导群众自办"工作法，充分激发了基层治理活力。南岸区连续5年获评全国创新社会治理最佳案例，成为全国获评次数最多的地区，群众满意度保持在95%以上。

在上海，党建引领把人民当家作主融入旧改征收全过程，居民自主签约、自主搬迁成为践行全过程人民民主的范例。近5年，中心城区成片二级旧里以下房屋改造完成328万平方米、涉及居民16.5万户，困扰上海多年的民生难题得到了历史性解决，书写了"人民城市人民建、人民城市为人民"的新时代答卷。

及时回答时代之问、人民之问，有效解决时代之需、国家之需、人民之需。在回应与解决人民所需中提高党的威信、增进党群团结，彰显了全过程人民民主的有效性。全过程人民民主使人民意愿既能畅通表达，也能有效实现；有效协调国家政治关系，实现各方面意志和利益的协调统一，保障社会和谐稳定，推动国家治理现代化，促进现代化建设各项事业不断发展。中国创造经济快速发展和社会长期稳定两大奇迹，充分体现了全过程人民民主的巨大功效。全过程人民民主是符合中国实际、解决中国问题的民主，是最广泛、最有效、最管用的民主。

第六章

塑造人类政治文明新形态

政治文明，是指人类政治生活的进步状态，包括政治意识文明、政治制度文明和政治行为文明。在人类政治史上，资本主义社会推翻封建专制统治，创造了以代议制民主制度为标志的西方政治文明形态，为人类政治文明发展作出历史性贡献。但是，西方政治文明固有的缺陷决定了它的虚伪性和局限性，同时也决定了它必然被更高级的政治文明形态所取代。中国的全过程人民民主借鉴了包括西方政治文明在内的人类政治文明的一切有益成果，汲取了中华优秀传统文化中的重要元素，塑造了人类政治文明新形态。

一、世界格局演变中西式民主逐渐式微

西式民主本质上是以资本为中心的民主，形成于战争、殖民、掠夺的西方现代化进程中，遵循的是资本增值和扩张的逻辑，这个固有的缺陷导致的社会矛盾在世界大变局背景下变得愈益突出、愈益尖锐。

（一）西式民主无法代表人类政治文明发展方向

14世纪至15世纪，西欧出现资本主义生产萌芽。到16世纪以后，资本主义生产获得进一步发展，导致对货币需求的增强。欧洲商人和资产阶级狂热追求金银和财富，力图把货币转化为资本，剥削雇佣工人创造的剩余价值。15世纪末到16世纪的地理大发现和环球航行的成功，使欧洲人实现了对拥有丰富资源的非洲和拉丁美洲的殖民和掠夺，在短时间内迅速积累了巨额资本，为早期的欧洲资本主义发展提供了原始积累。马克思指出："在欧洲以外直接靠掠夺、奴役和杀人越货而夺得的财宝，源源流入宗主国，在这里转化为资本。"①

资本的原始积累过程，大致分为两条历史脉络。其一，在欧洲资本主义各国国内，是对农民的剥削和掠夺。通过廉价剥夺土地，资本家强迫劳动者同其原本拥有的生产资料分离，使失去生产资料的手工业者和失地农民大量破产而成为雇工，形成大规模的劳动力市场和商品市场，劳动力和生产资料及另一种商品形式即货币一起转化为资本家的资本。其二，在欧洲资本主义国家之外，是对殖民地一切资源的侵占与掠夺。随着商品经济的快速发展，社会财富大量增加，使得产业工人、巨额货币及生产资料越加集中在少数人手里转化为巨额资本，促使工场手工业迅速向以机器为核心的现代大工业转变，最终促成18世纪60年代的工业革命。

由于积累的资本数量已经远远超过当地所需，为了使其得到充分利用，欧洲资本家设法在海外开辟新的殖民场所，进行商业投资。于是，资源丰富但工业落后的国家就自然地成为发达国家瓜分的目标，如非洲（尼日尔，南非，德属西南非和德属东非）被直接租给欧洲的各个公司；法国人掌握了突尼斯和东京（越南北部的旧称）的经济；罗德斯（英国进行殖民掠夺的主要组织者之一）则为了交易所利益占有了马肖纳兰和纳塔尔。宗主国对殖民地实行双重剥削和掠夺，在他们眼里，殖民地不只是提供工业原料和钻石黄金的产地，更是廉价工业品的销售市场。这非常符合资本逐利的本性，因为资本的本性在于追求利润最大化，而最大利润的另一面就是成本最小化。

随着资本主义现代化的发展，世界殖民体系坍塌，但"以最

---

① 马克思：《资本论》第1卷，人民出版社2004年版，第864页。

低成本获取最大收益"的掠夺本质并未发生改变，只是以武力进行殖民和掠夺的方式转变为政治、经济、文化、环境、国际规则等方面的霸权主义。殖民和掠夺给欧洲资本主义国家带来现代化所需的资本，但同时也在发展中不断遭到资本的控制与反噬，导致阶层分化、社会动荡与民族分裂等社会问题。

资本充斥着西方选举民主的所有环节，只有那些具有足够资本的人才能充分享有民主权利，实质是以"资本为中心"的"富人游戏"。选举民主实质上是精英民主，为了选票而"不得不给它所必然产生的种种坏事披上爱的外衣，不得不粉饰它们，或者否认它们——一句话，即实行流俗的伪善"[①]。"在发达的资本主义生产方式下，谁也搞不清楚到哪里为止算是诚实，从哪里起就算是欺诈。"[②]由于生产资料的私有化和财富越来越被极少数人占有，政治权力越来越高度地集中在资本家手中，民主被大财团、既得利益集团和媒体所绑架。社会贫富差距拉大，社会不公日益严重。

在世界大变局背景下，一人一票的普选制、多党竞争、三权分立为标志的西方民主模式，不但没有为人类带来自由民主的幸福归宿，反而不断暴露出自身的局限，呈现出经济危机、选举操弄、寡头政治等诸多乱象，金融垄断寡头实现了对经济、政治和社会生活的全方位控制。2008年，席卷全球的金融危机使欧美民粹主义再度加强，排斥他者和自由贸易、逆全球化的右派势力纷纷崛起，极端政党和政治人物在部分西方发达国家的选举中胜出，进一步凸显多党竞争式民主的反民主色彩。2016年以来，以英国"脱欧"公投、欧洲右翼民粹政党崛起和特朗普当选美国总

[①]《马克思恩格斯选集》第4卷，人民出版社2012年版，第194页。
[②]《马克思恩格斯选集》第4卷，人民出版社2012年版，第371页。

统为标志，以及"黑命贵"运动、黄马甲运动、美国国会暴乱等，都从不同侧面击碎了西式民主神话。有学者认为，"民主制度的'资本化'越来越严重，日益演变成'钱主'制度"，此外，"西方国家都成了寅吃卯粮的债务依赖型经济……这是民主'短视化'的结果"。①

西方选举民主的主张者认为，意志和行为独立的选民具有其他政治模式所不具备的"纠错"功能。选民可以通过投票选举"换人"或启动类似弹劾的机制，实现对执政官员和政府运作的及时"纠错"。每届政府任期4年或5年后都须重新交由选民选举的机制，使参政、议政、执政者不易懈怠、更加勤勉。由此保证整个国家政治机构的正常运行，同时有助于减少腐败的可能。在理论上，新闻媒体被设置为对政治权力进行监督的第三方力量，并被称之为所谓的"第四权力"，但实际上，新闻媒体往往被其背后的资本利益集团所绑架，操控民意和影响选民的权力始终掌握在社会精英手里。显然，这是一场并不对称的权力游戏。"美国按照值得赞赏的政治传统的轨迹，扮演以人权的名义维护秩序的霸权形象"②，将美国民主以"最现代的趋向披着最中世纪的外衣"③的特征展示得淋漓尽致。

（二）西式民主不是万能的民主范式

第二次世界大战之后，欧美国家成为现代国家的典型代表。20世纪80年代末至90年代初的苏联解体、东欧剧变，更使欧美多党竞争式民主、轮替式民主成为"政治文明"的代名词。在中

---

① 张维为：《西方民主：游戏化、资本化和视化》，《红旗文稿》2012年第1期。
② ［德］尤尔根·哈贝马斯：《分裂的西方》，郁喆隽译，上海译文出版社2019年版，第72—73页。
③ 《马克思恩格斯选集》第4卷，人民出版社2012年版，第275页。

国，西方民主也一度被视为政治改革和文明建设的目标。然而，1998年、2008年的两次全球金融危机，2020年新冠肺炎疫情的暴发，使中美两国在公共利益和国民生命生活保障方面产生强烈对比，西方"人权"的光环逐渐消退，西方"民主"的美丽谎言不攻自破。事实表明，西方选举民主无法帮助发展中国家实现现代政治文明和现代社会的发展。

第一，精心包装的普世陷阱。西方国家将西方民主泛化、模式化、神化，宣扬西方民主是绝对的、超民族的，具有"普世价值"。第二次世界大战结束后，西式民主被不断包装，借助少数西方大国的经济军事优势向非西方国家"输出"。20世纪80年代，苏联全盘照搬了西方政治制度模式的改革，不但没有解决社会弊端，反而加剧了社会失序、分裂与动荡，严重影响了经济的正常发展，最终导致国家解体。苏联解体，使西方国家愈发坚信"民主""人权"是打败社会主义、赢得冷战胜利的政治利器。"9·11"事件之后，美国认为这是中东国家没有实行西式民主的缘故，为了进行民主改造，美国政府提出"全球民主化战略"，即通过进攻性的外交、军事、经济等手段向全球推广"民主""自由"，以此来保卫和扩大美国在全球的利益。

在政治方面，借着民主的"普世"光环，西方国家故意模糊西方民主理论与实践的关系，混淆民主价值的一般价值与国家制度的特殊价值之间的关系，将西方民主定义为人类民主的标准与化身，并将之幻化为普世制度模式向全世界推广，与之不同的政治制度被定义为"专制制度"。亨廷顿认为，"普世主义"是西方对付非西方社会的意识形态。他在《第三波：20世纪后期的民主化浪潮》一书中，强调西式自由民主在全球的正当性与普适性，倡导民主为西方国家的对外政策所用。

在经济方面，西方国家向发展中国家灌输"民主促进经济增长"理论。经济发展与民主的关系之密切，选举作为民主的要素之一，是用政治的方式解决经济问题。自20世纪中叶以来，经济和民主的关系就一直是全球关注的中心议题。在早期的观念中，只有经济发展到一定的水平才具备推进民主的条件①，经济是民主的基础。但是自冷战以来，经济和民主之间的关系发生了置换，"经济优先"变成"民主优先"，而多数发展中国家面临的转型问题几乎都是由经济问题引发的，对多数发展中国家来说，也希望民主能给他们带来富裕。但许多发展中国家推进的民主化实验结果并未带来预期的经济增长"红利"，反而影响了经济发展，导致了动荡与贫困。

有的学者认为，"西方式民主在西方的诞生，是一种历史逻辑的结果，是在西方社会这块独特的土壤上培育出来的，因此，它是一种特殊的、历史的政治现象，并不具有普遍主义的适用性"②。对于许多走向现代化的国家来说，美国模式不仅在整合社会力量、谋求经济发展方面是无济于事的，而且在面对处于现代化之中的国家现实问题时也束手无策。西方民主对于发展中国家而言，从来不是美味的馅饼，只不过是一个美丽的陷阱。

第二，西式民主使发展中国家陷入危机。20世纪70年代末兴起的全球民主化浪潮把许多发展中国家卷入其中，至今，向民主的转型已持续了40多年，但目前大部分发展中国家的民主化出现了危机，陷入了民主困境。

伴随着西式民主的引进，发展中国家普遍出现了持续不断的

---

① Lipset, S.M., "Some Social Requisites of Democracy: Economic Development and Political Legitimacy." *American Political Science Review.* 53 (1): 69–105.
② 吕钦:《马克思主义视角下的当代西方民主理论评析》,《北京行政学院学报》2006年第4期。

社会动荡和冲突。民主化在一定程度上成了社会无序的代名词。例如，西方国家是在非洲"完全不具备西方社会的文化背景、物质基础、公民理性以及社会整合等条件"的情况下强行推进民主化进程，①因为非洲各国民族国家能力建设不足，导致多数非洲国家政局不稳，民主化动荡仍然在不少非洲国家延续，毛里塔尼亚、几内亚、几内亚比绍、马达加斯加、尼日尔、马里等国家相继发生军事政变，给非洲民主化蒙上一层阴影；推进西方民主的肯尼亚、黎巴嫩、孟加拉国、菲律宾、格鲁吉亚、斯里兰卡、尼日利亚等发展中国家同样危机频繁、动荡不止；伊拉克初步实现了西式的选举民主之后，中东国家在世界经济危机的冲击下出现了一轮被称为"阿拉伯之春"的民主化浪潮，发生了一系列抗议示威运动，甚至某些非阿拉伯国家也受到波及。

推进西式民主常伴随着无效治理。这是发展中国家民主化进程中普遍遇到的问题。美国政治学家拉里·戴蒙德（Larry Diamond）在《民主政治的三个悖论》中认为，同意和效能之间的矛盾，民主需要同意。同意需要合法性。合法性需要有效率的运作。但是，效率可能因为同意而被牺牲。不同政党、利益集团间无休止地论证争辩并相互掣肘，议而不决，往往延误时机，影响发展。同时，由于相互牵扯，政令不畅、难以集中力量办事，造成执行效能低。例如，印度实行民主化进程以来，政令不通，各部门很难达成共识，很多改革无法进行；阿拉伯国家在举行了选举民主制度之后，受到部族和教派争斗的影响，激化了既在的和潜在的派性矛盾，撕裂了社会。

激进的民主化进程也导致了经济倒退与停滞。在世界上最不发达的48个国家中，非洲占了33个，民主化造成的混乱影响是

---

① 沈晓雷：《透视非洲民主化进程中的"第三任期"现象》，《西亚非洲》2018年第2期。

重要因素；许多拉美国家在"民主化"过程中经济停滞和迷失，现在仍有2.01亿贫困人口，占该地区总人口数量的32.1%，其中极端贫困人口约8200万人，占贫困人口数量的13%，是世界上贫富分化、社会问题最严重的地区之一；"被民主"后的伊拉克、阿富汗一直在战火中生存，根本谈不上经济发展；吉尔吉斯是中亚五国民主化最深的国家，但2005年的郁金香革命，让吉尔吉斯在政权轮替的同时经济受到重创；乌克兰悲剧、泰国动乱、"阿拉伯之春"也都让我们看到"党争民主"的祸害无穷。

西式民主是建立在同一个民族、共同信仰以及平等化社会结构的同质化社会基础上进行的利益再分配，而发展中国家多是多民族、多信仰的异质化社会，当一个国家处于贫穷落后阶段就搞起党争民主，在贫困状态下搞利益分配，结果必然是国家分裂或社会动荡的厄运。

毋庸讳言，在未来一段时间，西方资本主义国家仍会在世界现代化进程中占据一定地位，一些国家的民主发展仍会以西方民主制度为范型，将所谓的充分的公民自由权利、普遍的自由选举、多党竞争、法治等作为民主构建的主要内容[1]，但西方民主政治不平等的固化、政治极化、族群撕裂与公共议程的扭曲、公众失去对议事日程的最终控制权等内在的弊端暴露无遗，已无法代表人类政治文明的发展方向。

---

[1] 张天悦、陈尧、辛向阳、王学东：《民主的"西方光环"》，《中国社会科学报》2017年3月27日。

二、全过程人民民主为人类民主事业作出新贡献

中国的现代化之路不是建立在对内剥削、对外殖民的基础上，而是通过革命建立社会主义制度，通过改革开放把社会主义和市场经济相结合，通过自身和平发展推动世界和平发展来实现的。全过程人民民主是在总结世界现代化进程经验教训基础上提出来的，是党和人民在伟大实践中历经千辛万苦、付出各种代价取得的宝贵成果，既有人类民主理论的共性，也有独特的中国特色，丰富了人类民主理论和实践。

（一）赋予人类民主理论新内涵

西方资本主义民主建立在资本主义私有制基础上，为了资本的增值和扩张而服务，其核心价值强调的是个人主义与利己主义。通过政治选举，实现政党轮替、党派制衡，西方民主以空头支票安抚选民，实际上是资本支配的选举，是资本集团的游戏，是"少数人的民主""一次性的民主""金钱式的民主""拳头式的民主"。列宁曾指出，资本主义社会的民主本质是"一种残缺不全的、贫乏的和虚伪的民主，是只供富人、只供少数人享受的民主"[①]。当今西方民主的乱象，证明了列宁当年的论断的科学性和正确性。

全过程人民民主，全新诠释了民主的价值主体。在不同国体的国家，民主具有不同的价值主体。在资产阶级专政的国体中，代表少数精英利益的资产阶级是民主的价值主体，作为工具的民主，是掩盖资产阶级剥削人民本质的合法性外衣。中国的国体决

---

① 《列宁选集》第3卷，人民出版社2012年版，第191页。

定了人民是至高无上的价值主体，是主权和权益的拥有者。人民依法享有管理国家和社会、管理经济和文化事业的一切权利，分享中国式现代化发展取得的一切成果。中国共产党是民主建设的领导者，也是人民利益的代表者、保障者和服务者。新中国成立后，中国共产党领导全国人民废除了封建的等级和特权，实现男女平等，让贫穷的工人农民有机会参与国家的管理；改革开放以来，中国共产党重视民主政治对经济建设的推动作用，致力于建设服务型政府，推进决策的民主化和科学化，推行政务公开，逐步实现了政治发展的日益民主化；新时代十余年，民主制度更为健全、民主形式更为丰富、民主途径更为宽广，人民作为价值主体的民主地位得到保障，民主权利得到落实，生活诉求得到回应，社会需要得以满足。

全过程人民民主丰富了民主内涵。全过程人民民主的概念主要由参与、回应和责任三个要素组成，"参与"是人民行使权力的基本形式，"回应"是政府对参与过程和利益诉求的响应，"责任"则是政府对人民权利保障和诉求回应的结果。"参与""回应"和"责任"是形式、过程与结果的统一，贯穿中国民主理念形成的全过程。仅有好的民主形式而无好的效用的民主，不是人民认同的好民主；只有好的效用而没有合适的民主形式，也不是真正的民主。全过程人民民主的理念融合了中国传统的政治文化和中庸之道哲学，是对既有民主理论的扬弃。

全过程人民民主创新了民主程序。直接民主和间接民主的统一，是中国探索出的独特的民主参与程序。在间接民主方面，人民通过有序参与影响各级权力机关的决策，使之能反映人民群众的利益；在直接民主方面，人民通过有序参与达成共识，从而实现共同利益。通过直接民主和间接民主的多种形式，着力扩大人民有序政治参与，保证人民依法实行民主选举、民主协商、民主决策、民主管理、民主监督，发挥人民群众积极性、主动性、创造性，巩固和发展生动活泼、安定团结的政治局面。

全过程人民民主拓展了民主渠道。以人民代表大会制度作为全过程人民民主的完整制度程序支撑，我国已经形成了全面、广泛、有机衔接的人民当家作主制度体系，构建了多样、畅通、有序的民主渠道。人民可以通过多种渠道和途径行使民主权利，这既体现在投票选举和关系国计民生的重大公共事务决策上，也体现在参与国家治理其他环节上，体现在国家政治生活的各个领域中。

习近平总书记关于全过程人民民主的重要论述，是对社会主义民主政治理论的重大创新，为我国在新时代新征程更好推进中国特色社会主义民主政治建设提供了科学指引，为人类民主理论赋予了崭新内涵。

（二）开辟人类民主实践的新路径

新时代中国共产党人不仅全面推进中国特色社会主义民主政治理论创新，而且团结带领人民开展全过程人民民主的伟大实践，取得一系列重要成果：坚持和加强党的全面领导，深化党和国家机构改革，党对发展全过程人民民主的领导进一步加强；推进国家治理体系和治理能力现代化，坚持中国特色社会主义根本制度、基本制度、重要制度，人民当家作主制度体系更加健全；全面推进民主选举、民主协商、民主决策、民主管理、民主监督，协同推进选举民主与协商民主，人民依法有序政治参与不断扩大，人民的民主生活丰富多彩。

人民民主是一种全过程的民主，所有的重大立法决策都是依照程序、经过民主酝酿,通过科学决策、民主决策产生的。立法是全过程人民民主实践的重要载体,立法决策与全过程存在密切的逻辑关系。我国的立法工作包括立项、起草、审议、论证、评估、监督和宣传等一系列环节,立法流程贯穿了全过程人民民主的核心理念和本质要求。前文提到上海市基层立法联系点是体现全过程人民民主理念的创造性实践。

在中国,从"开门立法""立法直通车",到协商座谈会,再到议事会、恳谈会、听证会等,民主已经成为人们日常工作和生活的重要组成部分,保证了人民当家作主落实到国家政治生活和社会生活之中。我们要不断推进社会主义民主制度化、规范化、程序化,充分发挥我国社会主义民主的优势,让全过程人民民主更具说服力、吸引力、引领力,让全过程人民民主在实践中更加发展完善。

(三)提供"两个结合"的新经验

中国共产党在中国民主道路的探索中始终坚持把马克思主义基本原理同中国具体实际相结合、同中华优秀传统文化相结合。党的二十大报告指出,"中国式现代化,是中国共产党领导的社会主义现代化,既有各国现代化的共同特征,更有基于自己国情的中国特色"[①]。我国民主建设根植于具体国情和历史文化传统,并伴随现代化的进程不断扩展和深化。在实践过程中,民主发展和现代化建设相互融合、互动共进。在中国式现代化的历史进程中,中国始终坚持人民当家作主,发展人民民主,密切联系人民群众,紧紧依靠人民群众,全过程人民民主先进性和优越性的日

---

① 习近平:《高举中国特色社会主义伟大旗帜 为全面建设社会主义现代化国家而团结奋斗——在中国共产党第二十次全国代表大会上的报告》,人民出版社2022年版,第22页。

益彰显，为中国式现代化凝聚起磅礴伟力。

实现民主有多种方式，不可能千篇一律。中国共产党在领导人民追求现代化目标的过程中，立足国情，坚持把马克思主义基本原理同中国具体实际相结合、同中华优秀传统文化相结合，把民主发展与现代化探索相结合，在民主的全过程中体现并保障人民当家作主的权利，走出了一条中国式民主发展的创新之路。

发展全过程人民民主，是马克思主义民主理论与中国国情相结合的产物。孟子曰："夫物之不齐，物之情也。"世界上没有完全相同的政治制度模式，也没有一成不变的民主模式。西方国家的民主，是建立在资本主义私有制基础之上的民主，其实质是资本的统治，是少数的资产阶级对多数的无产阶级和劳动人民进行专政的民主。在实际运行过程中，西方选举民主成为一次性消费式民主，在大选时轰轰烈烈，一选了之；大选之后沉寂无声，进入休眠。如果人民只有在投票时被唤醒、投票后就进入休眠期，这样的民主显然不是真正的民主。只有在社会主义条件下，民主的形式与内容才能高度有机统一。马克思主义视域下的民主观具有鲜明的阶级属性，主张国家一切权力来自人民，人民是国家的主人，要建立为群众、为劳动者服务的社会主义民主。全过程人民民主，强调人民至上的原则，让广大人民拥有平等参与政治经济生活、共享发展成果的权利，既体现了对马克思主义人民立场的坚守，也体现出社会主义的本质属性，同时也深刻把握了中国式现代化的内在要求，有效回应了人民的现实诉求。

全过程人民民主，不是简单套用马克思主义经典作家民主设想的模板，不是其他国家社会主义民主实践的再版，也不是国外发达国家民主化发展的翻版，而是中国共产党从马克思主义民主思想以及空想社会主义者、西方民主中的有益思想出发，汲取中华优秀传统文化中的政治思想智慧，在推动社会主义现代化过程中形成的，是在社会主义民主政治道路上不懈探索总结出来的原创性成果。中国全过程人民民主的探索与实践既宣告了社会主义民主在21世纪能够带领人民走向更光明的政治发展前景，也给世界上其他仍然在民主化道路上迷茫的国家指明了独立发展的方向。

发展中国家应当从自身的国情和文化传统出发探索具有自身特点的民主化之路。习近平总书记指出："独特的文化传统，独特的历史命运，独特的基本国情，注定了我们必然要走适合自己特点的发展道路。"①全过程人民民主立足中国具体国情并根植于中华优秀传统文化，批判借鉴和扬弃世界各国以及自身在追求民主进程中的经验教训，在马克思主义指导下艰辛探索、锐意进取并找到了属于中国的现代民主道路，为世界民主发展树立了榜样。

总之，全过程人民民主是马克思主义民主理论中国化时代化的产物，是中国共产党领导人民对中国走什么样的民主道路不断探索与实践的结果。"全过程"不是人民民主的修饰词，也不是人民民主的装饰物，而是以质的规定性将中国的人民民主进行了新的理论阐释，并将改变世界民主话语体系。面对世界百年未有之大变局，人类政治文明需要新的理论给人类以引导。全过程人民民主将改变固有的资本主义民主叙事范式和逻辑框架，为人类应对当前种种民主困境和治理危机提供新的方案。

---

① 《习近平新时代中国特色社会主义思想学习纲要》，学习出版社、人民出版社2019年版，第128页。

（四）成功破解"亨廷顿悖论"

西方学者和政论家对民主有诸多界定和诠释，其中，"亨廷顿悖论"具有一定的代表性。亨廷顿经过对发展中国家现代化实践的长期观察和评估，提出著名的"亨廷顿悖论"："现代性孕育着稳定，而现代化过程却滋生着动乱。"①在亨廷顿看来，现代化进程所必须实现的经济发展必然要求更广泛、更深度的社会动员，一旦现有制度所能满足民众政治参与需求的限度落后于社会动员的速度和力度，就可能引发政治秩序的崩解，现代化进程就会中断甚至倒退。他认为，民主是一把"双刃剑"，推动策略正确，就有利于社会的稳定和经济发展，若实施策略不当，过激、过快，就可能造成社会不稳定，影响经济发展。

民主，需要一定的经济基础、安定的政治环境和配套的法律制度体系作为支撑。西方民主通过殖民与掠夺解决了经济问题，而大多数发展中国家是异质化社会，经济基础薄弱，人口素质有限，很难在短时间内实现"民主化"。民主的实行也需要稳定的政治环境。在动乱的社会里，无法实施真正的民主。发展中国家在追求民主时，还要追求稳定，寻求稳定与民主的协调发展。不能为了民主不要稳定，当然，也不能为了稳定而不搞民主。对发展中国家来说，稳定是第一位的，应在稳定的基础上求民主，在民主化中求稳定。

现代民主，是以选举为核心的一整套国家政治制度体系。除选举外，完善的权力制约和监督制度、独立的司法制度也是现代民主政治不可缺少的内容。所以，民主并不仅仅是简单的一人

---

① ［美］塞缪尔·P.亨廷顿：《变化社会中的政治秩序》，王冠华、刘为译，生活·读书·新知三联书店1989年版，第40—41页。

一票的选举制度设计，它还需要权力制约制度和司法制度等的支撑。民主建设需要上述制度的整体协调推进，不能搞选举的孤军深入。如果使选举单兵推进，往往会因缺乏其他现代政治法律制度的基础支撑而出现混乱。

西方民主之所以稳定成熟，是因为在建立选举民主前，就已经有了基本完善的现代政治法律制度、权力制约的体制、独立的司法体制、公开透明的制度等，在这些制度的协调下实施选举，其选举就较规范。而许多发展中国家把民主简单理解为"选举"，以为只要有了一人一票的"普选"，就是民主了。在引进选举以前，没有建立起与选举民主相配套的政治法律制度。这样一旦引入选举，很容易因缺少相关制度协同而出现混乱。

西方民主制度的发展经历了几百年的时间，仍在继续发展与完善中。在西方国家没有任何先例，可以通过一次民主化运动就达到高水平的民主。对于发展中国家而言，虽然有政治上的后发优势，有现成的发展模式可供参考，但国情不同，社会条件不同，想全盘照搬，通过一次民主化实现民主是不可能的。"欲速则不达"，正是形容发展中国家民主建设需要渐进式的改革、要经历漫长的过程。

犯急性病的发展中国家的民主化采用所谓的"休克疗法"，会给国家和社会带来巨大的动荡和灾难。任何政治体系在一定时期里，对民主的承受能力都是有限度的。如果公民在一个时期内的民主参与意愿强烈，期望值过高，频度过强，超过了现存制度所能承受的能力，就可能引发不稳定。发展中国家的民主化进程中出现的政局动荡、军事政变、民族冲突、经济倒退等问题，主要是过激的民主化造成的。

全过程人民民主是破解"亨廷顿悖论"的密钥。习近平总书记指出："改革开放和社会主义现代化建设深入推进，书写了经济快速发展和社会长期稳定两大奇迹新篇章。"①"发展奇迹"和"稳定奇迹"蕴含着中国式现代化的独特逻辑和文明"密钥"。前者源自中国特色社会主义制度模式下的经济市场化，后者源自全过程人民民主为基本范式的政治民主化。政治民主化是现代化的必然要求，它与经济基础之间是相互依存、相互影响、相互推动的辩证关系。在社会发展过程中，经济基础决定民主政治的存在发展，而健全和发展民主又能保障人民在经济领域的根本利益，巩固和发展社会经济。中国成功把握了现代化进程中必须要实现的经济发展与民主政治的辩证统一关系：经济发展为民主政治提供坚实的物质基础和条件，民主政治为经济发展提供稳定与平衡的发展环境，从而破解了"亨廷顿悖论"。

三、全过程人民民主塑造人类政治文明新形态

全过程人民民主塑造了人类政治文明新形态的价值内核、制度内核和精神内核。从价值内核上看，以人民为中心是人类政治文明新形态的核心要义，其本质诉求在于实现全体人民的民主；从制度内核上看，中国共产党探索出的政治制度体系符合人类政治文明新形态的本质规定性，用制度的力量推动人类政治文明形态的发展；从精神内核上看，习近平新时代中国特色社会主义思想是人类政治文明新形态发展的根本行动指南，是聚合党和中国人民力量的强大思想武器。

---

① 习近平：《高举中国特色社会主义伟大旗帜　为全面建设社会主义现代化国家而团结奋斗——在中国共产党第二十次全国代表大会上的报告》，人民出版社2022年版，第16页。

（一）塑造人类政治文明主体形态

在以往的人类政治文明史上，几乎没有一个国家一个民族真正实现了人民当家作主。法国启蒙思想家让-雅克·卢梭（Jean-Jacques Rousseau）甚至说过："就民主制这个名词的严格意义而言，真正的民主制从来就不曾有过，而且永远也不会有。"①

在古希腊民主体制中，民主名义上是大多数人的统治，但并未真正实现人民当家作主。资产阶级革命胜利之后，民主的主体"人民"由大多数人变成以财产权为基础的少数精英阶层，西方资产阶级主导下的现代化，总体上是为少数精英的意志和利益服务的。劳动人民在这种现代化中虽然绝对的生活条件有所改善，但是其被剥削被压迫的地位并没有根本改变。虽然这种现代化实现了生产力的巨大发展，但这种发达的生产力并不属于人民，资产阶级仍是现代化民主化进程中的主导力量。

在现代西方民主实践中，民主的主体"人民"是独立个体，"古代政治制度与美国政府的真正区别，在于美国政府中完全排除作为集体身份存在的人民"②。而在中国式现代化民主化过程中，人民是复合体，是最高的价值主体。党的二十大报告指出："发展全过程人民民主，保障人民当家作主。"③这赋予了人民至高无上的政治地位。

党的全面领导是实现人民当家作主的政治保障。中国特色社会主义最本质的特征是中国共产党领导，坚持党的领导是推进全

---

① ［法］卢梭：《社会契约论》，何兆武译，商务印书馆2003年版，第84页。
② ［美］汉密尔顿、杰伊、麦迪逊：《联邦党人文集》，程逢如、在汉、舒逊译，商务印书馆2020年版，第373页。
③ 习近平：《高举中国特色社会主义伟大旗帜　为全面建设社会主义现代化国家而团结奋斗——在中国共产党第二十次全国代表大会上的报告》，人民出版社2022年版，第37页。

过程人民民主必须坚持的首要原则。中国共产党是反映广大人民意志，保障广大人民利益的政党，除了工人阶级和最广大人民的根本利益之外，没有自身的特殊利益。党的领导直接关系全过程人民民主的根本方向、前途命运、最终成败，只有坚持党的领导，才能组织、支持和保障广大人民群众积极参与民主选举、民主协商的政治制度体系，才能汇聚多数人的意见、凝聚起广大人民的力量。

党和人民是实现全过程人民民主的实践主体，坚持中国共产党领导，坚持以人民为中心的发展思想，坚持"人民立场"，突出"以人民为中心"，增强"人民群众获得感、幸福感、安全感"。党是人民之中的先进部分并为人民服务，发挥人民的主体地位，保护人民的利益和权利。这种现代化民主化首次把人民放在现代化的首要位置，使全国各族人民在党的全面领导下凝聚共识、共克时艰，实现了对传统民主实践主体理论的重大创新。

（二）塑造人类政治文明制度形态

制度是一个社会结构的灵魂。建设全过程人民民主的国家制度，是中国共产党人在长期的探索和实践中，在国家制度上的创造。全过程人民民主首先是关于国家性质的一种界定，其次也是关于国家制度的一种政治选择。我国全过程人民民主是通过相应的国家制度建设来获得支撑的，这是在国家制度形态上的重大创造和创新。

2021年12月4日，国务院新闻办公室发布《中国的民主》白皮书，概括了全过程人民民主的本质内涵，指出全过程人民民主是"具有科学有效的制度安排"[①]。全过程人民民主的政权制度

---

① 《中国的民主》，人民出版社2021年版，第9页。

是人民代表大会制度。作为我国的根本政治制度，"人民行使国家权力的机关是全国人民代表大会和地方各级人民代表大会"（《中华人民共和国宪法》第二条）。这一制度是在长期革命斗争中根据巴黎公社和苏维埃制度原则，总结了革命根据地政权建设经验，又结合了现实情况后形成的。人民代表大会制度的一个重要特性，是它的"人民性"即"民主共和"的性质以及它的全过程民主性，体现了包括工人、农民、知识分子等在内的广大劳动者这一最大包容性，凸显了"以人民为中心"的国家性质。

全过程人民民主的政党制度，即中国共产党领导的多党合作制。中国共产党同各民主党派"长期共存、互相监督、肝胆相照、荣辱与共"，共同治理国家。这一政党制度孕育于民主革命时期，确立于新中国成立后，进一步发展于改革开放时期特别是进入新时代。中国共产党领导的多党合作制，是一种多党民主参政的全过程民主型政党制度，各民主党派通过不同渠道和平台，开展政治协商的民主参政。

全过程人民民主的基层制度，即民族区域自治制度和基层群众自治制度。民族区域自治制度基于不同民族、不同地方社会经济和文化差异的实际状况，尊重各民族的主体地位，为激发地方创造精神和社会活力提供了巨大空间。这一制度型构也是对"单一制"条件下我国幅员辽阔、政策效能存在实际落差这一客观现状的一种裨补。基层群众自治制度具体体现为村民委员会和居民委员会自我管理、自我教育、自我服务、自我监督，这一制度型构最大的特点是尊重基层群众的首创精神，维护人民群众自治、参与民主治理的法理地位，容纳广泛的公民政治参与，是实现全过程人民民主最为重要的基层制度支撑。

（三）塑造人类政治文明精神形态

中国共产党在国家现代化进程中探索民主道路，始终坚持将人民利益放在首位，将维系国家内在统一作为前提，构建有机运行的现代国家民主制度体系，并非为了流于表面的民主形式而发展民主。这种民主观念的实质是"我将无我"的至高境界和"坚持胸怀天下"的担当精神。

2019年3月22日，习近平总书记在会见意大利众议长菲科时说："我将无我，不负人民。我愿意做到一个'无我'的状态，为中国的发展奉献自己。"①这既是一位人民领袖至深至厚的人民情怀，又是对"人民至上"思想的最生动诠释。

"无我"是以家国为己任，不计得失、不谋私利；"无我"是以身许国，鞠躬尽瘁、无私奉献；"无我"是心中装着人民，想群众之所想，急群众之所急，解群众之所难，密切联系群众，坚定依靠群众。习近平总书记强调，我们共产党人为的是大公、守的是大义、求的是大我，要以人民利益为重、以人民期盼为念。党来自人民、植根人民、服务人民，党的根基在人民、血脉在人民、力量在人民。习近平总书记用"我将无我，不负人民"的话语表达，深刻回答了我们党为什么人、靠什么人的根本问题，既为我们贯彻党的根本宗旨和群众路线提供了根本遵循，又彰显了中国共产党人心系人民、为民担当的博大胸怀和崇高精神境界。

"坚持胸怀天下"，是党的二十大报告中的"六个必须坚持"之一，是中国共产党百年奋斗的一条重要历史经验。中国共产党是为中国人民谋幸福、为中华民族谋复兴的党，也是为人类谋进步、为世界谋大同的党，倡导和谐合作、互相尊重，反对对抗、

---

① 《习近平谈治国理政》第3卷，外文出版社2020年版，第144页。

封闭、零和博弈，推动形成共建美好世界的最大公约数。

"胸怀天下"精神，有着深厚的理论基础和传统文化渊源。在《共产党宣言》中，马克思、恩格斯明确把解放全人类、实现人的自由全面发展作为共产主义的本质特征。"坚持胸怀天下"思想也有着深厚的中华文化传统。《尚书》里的"以公灭私"，《诗经》里的"夙夜在公"，《礼记》里的"天下为公"，《墨子》里的"兴天下之利，除天下之害"，《孟子》里的"乐以天下，忧以天下"，《荀子》里的"成天下之大事"，《论语·宪问》里的"士而怀居，不足以为士"等等，都表达了胸怀天下的重要性，以及不能胸怀天下、仅关心自家生活的人不配为士的思想。

全过程人民民主，兼容了"我将无我"的至高境界和"胸怀天下"的担当精神，坚持以人民为价值主体，从人类发展大潮流、世界变化大格局、中国发展大历史正确认识和处理同外部世界的关系，秉持平等、互鉴、对话、包容的原则，推动不同文明交流对话、和平共处、和谐共生，以文明交流超越文明隔阂、文明互鉴超越文明冲突、文明共存超越文明优越，为人类政治文明发展注入蓬勃生机。

全过程人民民主，实现了对"以资本为中心"的西式民主、西方现代化的根本性超越，打破了"民主化=西方化""现代化=西方化"的迷思，既具有人类民主的共同特征，更有基于国情的中国特色，为实现现代化、民主化提供了全新选择，展现了人类社会现代化、民主化的光明前景。

现代化是一个历史进程，各国的开启有早有晚，各国的成就有大有小。但是，现代化不是少数国家的"专利品"，也不是非此即彼的"单选题"，不能搞简单的千篇一律、"复制粘贴"。一个国家走向现代化，既要遵循现代化一般规律，更要立足本国国情，具有本国特色。什么样的现代化最适合自己，本国人民最有发言权。中国共产党团结带领中国人民进行了艰苦卓绝的奋斗，创造了世所罕见的民族独立、人民解放奇迹，创造了世所罕见的经济快速发展奇迹，创造了世所罕见的社会长期稳定奇迹，创造了马克思主义政党连续执政奇迹，成功创造、推进、拓展了中国式现代化道路。习近平总书记指出："中国式现代化，深深根植于中华优秀传统文化，体现科学社会主义的先进本质，借鉴吸收一切人类优秀文明成果，代表人类文明进步的发展方向，展现了不同于西方现代化模式的新图景，是一种全新的人类文明形态。"①它新就新在，坚持以人民为中心，坚持走共同富裕道路，推动物质文明和精神文明相协调，坚持人与自然和谐共生，促进人的全面发展和社会全面进步，真切实现了物质文明、政治文明、精神文明、社会文明和生态文明协调发展，拓展了发展中国家走向现代化的路径选择。它新就新在，倡导和平、发展、公平、正义、民主、自由的全人类价值，蕴含着独特的世界观、价值观、历史观、文明观、民主观、生态观，为人类对更好社会制度的探索提供了中国方案，昭示了人类社会未来发展的光明前景。它新就新在，它是中国共产党领导的社会主义现代化，并初步建构了中国式现代化的理论体系，同时，在推进中国式现代化的进程中，中国共产党将富有创新性的民主理论与富有创造性的民主实践相结合，开创了政治发展新道路，创造了人类民主新形态、人类政治文明新形态，回答了新时代建设什么样的社会主义现代化强国、怎样建设社会主义现代化强国以及新时代建设和实现什么样的全过程人民民主、怎样建设和实现全过程人民民主的

---

① 《习近平在学习贯彻党的二十大精神研讨班开班式上发表重要讲话强调　正确理解和大力推进中国式现代化》，《人民日报》2023年2月8日。

重大课题。恩格斯指出："我们的目的是要建立社会主义制度，这种制度将给所有的人提供健康而有益的工作，给所有的人提供充裕的物质生活和闲暇时间，给所有的人提供真正的充分的自由。"①马克思指出："凡是民族作为民族所做的事情，都是他们为人类社会而做的事情。"②从百余年探索到现代化自信、民主自信，中国共产党人点亮了中国的现代化之光、中国的民主之光，在全面建设社会主义现代化国家、全面推进中国特色社会主义民主政治的伟大实践中，中国人民和中华民族必将不断为人类文明、人类政治文明作出新的更大的贡献。

---

① 《马克思恩格斯全集》第21卷，人民出版社1965年版，第570页。
② 《马克思恩格斯全集》第42卷，人民出版社1979年版，第257页。

后　记

现代化是当今世界发展的潮流和趋势，是当今世界各国求富图强的必由之路和必然选择，是当今世界各国人民的共同期待和奋斗目标。在世界现代化发展史上，中国是后来者。但是，中国共产党百余年探索现代化的奋斗史特别是成功走出中国式现代化道路的伟大实践、伟大成就，昭示世人：现代化模式由单数变为了复数，世界现代化版图实现了由旧到新的蜕变。正如习近平总书记所指出的，通向现代化的道路不止一条，只要找准正确方向、驰而不息，条条大路通罗马。人是现代化发展进程中最基本的构成。中国式现代化是中国共产党领导的社会主义现代化，始终坚持并不断追求人民至上，突出人的主体地位和核心价值。中国式现代化主张人民民主是社会主义的生命、全过程人民民主是社会主义民主政治的本质属性的基本定位，基于全链条、全方位、全覆盖的取向实现过程民主和成果民主、程序民主和实质民主、直接民主和间接民主、人民民主和国家意志的有机统一，从而凝聚起实现中国式现代化的广泛共识、汇聚起推进中国式现代化的磅礴伟力。中国式现代化摒弃了西方式现代化的老路，从而创造了人类文明新形态、人类社会新形态。中国式现代化与中国的民主是相辅相成、相得益彰的，不是彼此割裂、彼此对立的。就此而论，中国式现代化蕴含的独特的民主观是一个具有现实意义和长远意义的重要课题。同时，中国式现代化蕴含的独特的民主观与世界观、价值观、历史观、文明观、生态观的关系研究也是一个具有现实意义和长远意义的重要课题。

《中国式现代化的民主观》一书的设计框架和写作思路是经过集体讨论，由中共重庆市委常委、宣传部部长姜辉最终确定的。各部分初稿的执笔人如下：绪论、第一章、第二章、第六章，林建华（中国社会科学院马克思主义研究院副院长，中国社会科学院大学马克思主义学院副院长、教授、博士生导师）；第三章、第四章、第五章、第六章，王晶（中国社会科学院马克思主义研究院马克思主义中国化研究部副研究员）。西南政法大学张永和教授对本书的大纲拟定和第一章初稿写作提供了支持和帮助。李超群、杨姝、黄小易、杨雨莎参与了第一章资料搜集。全书由姜辉和林建华统稿、定稿。

感谢中共重庆市委宣传部、重庆出版集团对本书出版给予的大力支持。感谢所有相关同志付出的心智和辛劳，使本书更臻完善、顺利付梓。

林建华

2023 年 8 月